EL VERDADERO ÉXTASIS

La búsqueda del corazón de toda una generación

Gus Recinos

Recomendaciones

Gus Recinos es un hombre de Dios increíble, lleno de fe, sabiduría y el don de revelación de la Palabra de Dios. Gus tiene la habilidad de compartir testimonios e historias del reino de Dios que atraen a las personas invitándolas a tener su propio encuentro con el Dios vivo. Conocer a Gus y ministrar con él ha fortalecido mi propia fe y ha profundizado mi caminar con Dios. Gus es un ministro ungido del evangelio quien comparte el corazón del Padre con muchos, no solo con palabras, sino también a través de sus acciones. Cuando lo veo ministrar, veo a Dios moverse por medio de él, y también veo a muchas personas experimentar la verdad de Jesús. Yo creo que este libro tocará tu corazón y despertará en ti nuevos niveles cada vez mayores de fe, esperanza y revelación.

WESLEY LEWIS
Fundadora y Directora
Faithchild Ministries, CA

He tenido el placer de conocer a Gus y su hermosa familia desde hace mucho tiempo, y puedo decir honestamente que ¡Gus adora a Jesús con toda su alma! Gus vive una vida de fe y milagros, y siempre le da la gloria a Dios con sus palabras y sus acciones. He visto el corazón de Gus de acercarse a las personas de todas las edades y de todos los orígenes étnicos, y siempre se toma el tiempo de guiar a los demás a Jesucristo. En especial, he visto a Gus permitir que el Espíritu Santo sea quien guíe y toque a las personas al declarar en el nombre de Jesús manifestaciones de sanidad y revelaciones profundas de Dios. Es un honor conocer a Gus y estoy emocionada por ver como Dios continuará guiándolo en los tiempos por venir.

TANYA LAYMAN, M.A.
Terapeuta Asociada de Matrimonio y Familia
The Sanctuary, Houston, TX

Gus es una de esas personas que cuando lo conoces quedas impactado por la manera en que Dios lo usa, además de por su completa autenticidad y amabilidad que te hace sentir amado y aceptado sin importar quién seas. Es sumamente evidente para todas las personas que conocen a Gus que ama a la gente y quiere verlos salvos, sanos y libres. Aparte de ser un líder en su comunidad también es un ejemplo como padre de familia, esposo, hijo y amigo. En muy pocos casos he visto a personas caminar en sanidad emocional después de haber sufrido tanto como Gus. En su libro, se hace vulnerable y comparte partes de su vida pasada donde podemos ver a un joven con adicciones y problemas emocionales quien experimenta una transformación sobrenatural al rendir su vida a Dios de una manera completa y sin reservas, y quien, además, nunca mira hacia atrás. En El verdadero éxtasis Gus abre la puerta y nos muestra partes de su experiencia con el uso de las drogas y sus consecuencias. Estoy segura de que este libro no solo ayudará a sus lectores a salir de una vida de adicciones, sino que también los impactara de una forma tan poderosa que serán transformados. Conocer a Gus, a su esposa y a sus hijos es un regalo y una gran bendición, y me siento afortunada de ser parte de sus vidas.

DRA. EVELIN GARCÍA

Fundadora y Directora General de una corporación psicológica en California,

autora del libro Mamá decía: «Tú puedes salir adelante» y fundadora del proyecto Abuelita Mirian: Levántate y Resplandece

En su libro El verdadero éxtasis, Gus Recinos expone la realidad de lo que se mueve en las fiestas clandestinas llamadas raves y el peligro del mundo de las drogas. En un entorno donde muchos jóvenes buscan algo nuevo que les ayude a calmar sus temores y ansiedades o quizá escapar de su triste o complicada realidad, Gus Recinos relata su experiencia con el mundo de los raves y las drogas, nos ofrece un mensaje de esperanza y deja ver como el poder y el amor de Dios es mucho más fuerte que lo que las drogas y las fiestas clandestinas pueden ofrecer. Conozco a Gus y a su familia y el amor que tienen para servir a Dios. Es un hombre que se deleita en la Palabra de Dios y tiene una pasión por compartir el amor de Dios con los demás. Gus ama a la juventud, y por medio de su testimonio en este libro quiere ayudar a muchos jóvenes que quizá necesitan oír que hay un ambiente y un poder que es mucho más eficaz que las drogas. A la vez, Gus comparte las dificultades que tuvieron él y muchos jóvenes que inmigraron a este país quienes fueron atraídos a una clase de diversión que trajo para varios de ellos graves consecuencias y para otros incluso la muerte. Es un libro que cambiará la vida de muchos jóvenes y que ayudará a los lectores

a ver el poder trasformador de Dios: el poder sobrenatural del Espíritu Santo que puede abrir los ojos de quienes buscan una experiencia que cambie sus vidas.
PATRICIA GARCÍA, M.S.
Profesora y Consejera Académica Universitaria

Gus es el epítome del corazón de Dios. Su amor por Dios y su prójimo es innegable. Cada palabra escrita en este libro es un regalo que proviene directamente del corazón de Dios. Al leer y meditar en lo que está escrito en este libro serás inspirado(a) a creer y tener aun más fe en las cosas maravillosas que Dios puede hacer en tu vida. Te gozarás de leerlo una y otra vez, y será una gran guía para tu crecimiento espiritual.
ALEX JONES-MORENO
Fundador de Reach Up Reach Out Ministries

Gus comparte su historia de cómo fue parte de la escena de la música house en los noventa, y cómo buscó éxito y esperanza en las tinieblas. Y cómo pudo salir de en medio de la oscuridad y encontrar el camino que transformó su vida. La historia de Gus es un relato de advertencia, esperanza y éxito que puede ayudar a los jóvenes que buscan un camino mejor, así como a los padres cuyos hijos estén pasando por algo similar. Yo conozco a Gus como un hombre lleno de amor, gozo y felicidad que está dispuesto a ayudar a otros a salir de las tinieblas.
AXEL CORTÉS
Maestro en Consejería Académica

Recuerdos de ravers de la década de los noventa

Mi mejor recuerdo de un rave fue cuando estábamos en las montañas y el sol empezaba a salir. Nos encontrábamos más alto que el tóxico smog, pero parecía que estábamos más allá de las nubes. Fue la cosa más linda. Por lo regular iba todos los fines de semana y estaba a cargo de los juegos de video.
FRANCIS
Mindgames Entertainment

Lo bueno de los raves es que eran unos de los pocos lugares donde nadie te molestaba. ¡Todas las razas y los géneros reunidos en un solo lugar! Mi peor experiencia fue cuando una noche tomé demasiadas tabletas de ácido, lo cual me provocó un grave accidente. Todavía recuerdo el nombre de esas tabletas de ácido. Se llamaban Aeon Flux y las tomé en las montañas de Malibú, California, en 1996, junto con un poco de Candy Flipping, lo cual es una mezcla de tabletas de ácido con píldoras de éxtasis.
GIO
Raver durante el bachillerato

Yo tenía 16 años cuando asistía a los raves. Íbamos con un grupo de chicas breakdancers llamado Smurf Rock a bailar y gozar de un sonido retumbante. Uno de los DJ que recuerdo era Moonshine y mi track favorito era, y sigue siendo, «Sandstorm». Me gusta experimentar cosas nuevas, y recuerdo

experimentar con tabletas de ácido en esos años de bachillerato.
Tania
Smurf Rock Breakdancer

Los eventos clandestinos de la «escena rave clandestina» de los noventa: subgraves, láseres, luces y música house toda la noche.
DJ PRISM II

Los raves de los noventa en el sur de California fueron un escape para los jóvenes rechazados por la sociedad y las autoridades como la policía, los consejeros escolares y los líderes comunitarios. Cuando te etiquetan como pandillero por usar una gorra de tu equipo de béisbol a muy temprana edad y sabes que los adultos no te entienden, buscas compañeros que se identifiquen contigo. En los raves diferentes culturas, razas y géneros se unían bajo la influencia de la música y las drogas, lo cual desbordó hacia las universidades y los bachilleratos.
ERWIN DELEON
The Valley Party Crew

Contenido

Quiero dedicar este libro a mi amada esposa, Tania Recinos,
quien además de motivarme continuamente
le pide a Dios que me dé favor, gracia y sabiduría.
Eres mi tesoro del cielo.
Te amo con todo mi corazón.

A mis preciosos hijos,
Samantha, Sarah y Ezekiel,
que sus vidas sean llenas del Espíritu Santo
quien los llevará a muchos más encuentros con Jesús,
el verdadero éxtasis.

Agradecimientos

Gracias, Pastores Jenn y Jona Toledo. Sus vidas de amor, creatividad y justicia son un ejemplo y una gran motivación para mí y mi familia. Es un honor ser parte de la familia de Expression 58.

Mamá, tus oraciones intercesoras desplegaron ángeles y protección divina sobre mí, lo cual provocó el espacio para poder compartir mi testimonio. Estoy completamente agradecido por tu vida de sacrificio y dedicación.

Prefacio

Es un gran gozo para mí poder presentar este libro. Gus ha sido un hombre ejemplar, un buen padre, un buen esposo y un líder en la comunidad. Este libro está lleno de testimonios y milagros que demuestran el amor y la gracia de Dios. Es realmente sorprendente ver cómo, al encontrar a Dios, la vida de Gus cambió tan radicalmente. Las historias en este libro son impactantes y aprecio mucho la honestidad de Gus y la forma en la que comunica la esperanza y la transformación que Dios trajo a su vida. Espero que al leer este libro puedas experimentar ese mismo amor y esa misma esperanza que solo podemos encontrar en Dios.

JONA TOLEDO
Pastor de Expression 58

Unas palabras de parte del autor

No era la primera vez que escuchaba al Espíritu de Dios pedirme que escribiera mi testimonio en un libro: «Será el primero de muchos libros». No sabía por dónde comenzar, pero tampoco quería desobedecer su voz.

Además de escuchar al Espíritu de Dios dentro de mi ser y la continua voz de mi esposa Tania que me decía: «Escribe el libro», Dios envió personas que me confirmaron el deseo de Dios de que lo escribiera.

El amor y la compasión del Dios trino (Padre, Hijo, y Espíritu Santo) se revelan en las historias que narro aquí. Dios quiere que disfrutemos de plenitud de gozo y que vivamos una vida abundante en gracia que solamente podemos alcanzar al tener un encuentro real con Jesucristo, el verdadero éxtasis. El corazón de Dios palpita con un ritmo de amor por las generaciones, con una melodía que revela el llamado y el destino para cada uno de nosotros sin importar nuestra condición económica, emocional o mental. Espero que este libro te atraiga cerca del corazón de Dios. Tan cerca que puedas escuchar su palpitar por ti y por las generaciones.

1
Detrás del escenario

Generación X

A principios de los noventa la música *house* empezaba a sonar en las calles de California. Mi amigo Chris Hyde
trabajaba junto con Steve Loria en Melrose Boulevard en
una tienda de discos de Hollywood llamada Beat non Stop.
Melrose era el centro de las tendencias de moda, la música y
las artes. Yo frecuentaba la tienda buscando los últimos lan-
zamientos de música *house*. En ese tiempo yo manejaba un
mini-todoterreno 4X4 Suzuki Samurai blanco usualmente
sin la capota. En la parte de atrás, en la cubierta del neumáti-
co de recambio, le pinté una carita feliz con un pañuelo de
pirata y un parche en el ojo. La carita feliz amarilla era el
símbolo que identificaba el movimiento cultural de música
acid house. Si alguien seguía mi auto en la noche de un fin de
semana, posiblemente terminaría en un evento o fiesta de DJ
en alguna bodega abandonada de las áreas industriales del
sur de California. El sonido de los bajos que hacían temblar

los edificios se escuchaba desde la distancia en la desolada y desierta comunidad de bodegas.

Las bodegas abandonadas y los edificios comerciales vacíos abundaban porque en Los Ángeles de los noventa se estaba sufriendo un tiempo de desastres de toda clase. Estos desastres incluyeron disturbios y manifestaciones, la epidemia del SIDA y la proposición 187 que intentó prohibirles a los inmigrantes usar centros médicos que no fueran de emergencia, educación pública o cualquier otro servicio público en el estado de California. Además, el país se encontraba en medio de una recesión, eran tiempos de desempleo y la industria aeroespacial se fue de Los Ángeles junto con los Rams y los Raiders. Por si esto fuera poco, los asesinatos de cantantes de *hip-hop* y las guerras entre pandillas mantenían al público en estado de alerta de día y de noche.

Sin embargo, los jóvenes venían desde lejos a las fiestas clandestinas con la esperanza de disfrutar de la mejor música *house o techno* que los hiciera bailar toda la noche a máxima energía expresando su identidad nocturna con lo último de la moda *streetwear*. También esperaban ver un buen espectáculo de luces o imágenes producidas por artistas locales proyectadas en pantallas gigantescas. Sobre todo, los jóvenes esperaban que la fiesta no fuera interrumpida por la policía que a veces sobrevolaba en sus helicópteros de vigilancia antes de enviar a las patrullas o por algún conflicto armado que en algunas ocasiones era lo que daba por terminado el evento. Los tiroteos eran comunes en muchas áreas de la gran ciudad de Los Ángeles. Eran la razón por la cual las fiestas terminaban más temprano. En una ocasión, en las afueras de una de nuestras fiestas, un joven fue herido de bala en el estómago y después de caminar rumbo a la esquina de la calle se le acabaron las fuerzas y cayó al concreto. Mi hermano, quien en esos tiempos andaba conmigo, me aseguró que el joven había muerto esa noche.

En los alrededores de los eventos ilegales se escuchaba a algunas personas que ofrecían (X), que era una forma de promover la droga XTC o éxtasis. También se movían las tabletas de ácido el cual era el preferido entre los jóvenes de bachillerato, y no faltaba la cerveza, el alcohol, la mariguana y la cocaína. Todo el mundo buscaba la felicidad y todo el mundo quería pasar bien la noche, y al terminar el fin de semana todo el mundo tenía una historia que contar, excepto los que no sobrevivían el fin de semana; la ciudad de Los Ángeles era una jungla de concreto donde había que pelear para vivir. Los mejores DJ, el mejor sonido y los recintos más interesantes y mágicos formaban el lugar perfecto para bailar. Pero las drogas, la violencia y las pasiones inmorales formaban el ámbito idóneo para un desastre.

Para mí, el movimiento de la música *house* empezó unos años antes. A mediados de los ochenta fui introducido en ella por un par de chicas que se mudaron de Chicago a Los Ángeles. Íbamos en el autobús de la escuela hacia otra parte de la ciudad a estudiar en una escuela de verano. Ellas estaban escuchando una música que me llamó la atención, de modo que les pregunté: «¿Qué están escuchando?». Ellas respondieron: «Música *house*». Así que, les pregunté: «¿Qué es la música *house*?». Entonces me explicaron que era música bailable original de Chicago que por lo regular se escuchaba en clubes clandestinos.

Decidí buscar música *house* en las tiendas de discos locales de Los Ángeles. Encontré una tienda llamada Funky Town Records en la esquina de Western Ave. y Beverly Blvd. Un muchacho DJ Coreano llamado Chris me mostró los pocos discos de *house* que tenía en toda la tienda. A partir de la portada de los discos me di cuenta de que la carita sonriente se encontraba en los clubes donde se tocaba música house. Por accidente, en una tienda de ropa de Melrose me topé con unas camisetas con el logotipo de la carita sonriente amarilla y la frase «I love acid» [Me encanta el ácido]. Estas camisetas fueron las que me identificaron como un amante de la música *house* en Los Ángeles cuando este género de música era aún desconocido. La siguiente vez que me encontré con Chris me dijo: «Estás envuelto en *house*».

A pesar de que la carita sonriente era un símbolo de alegría, paz y unidad, a principios de los noventa muchos de los jóvenes cargaban con problemas serios. Tenían problemas en el hogar, en la escuela, con los amigos o en sus relaciones románticas. Tenían problemas económicos, psicológicos o comunitarios como el racismo. Algunos tenían traumas por abusos sufridos a muy temprana edad en el hogar, en la escuela o en las calles. Por esta razón, muchos buscaban un escape y pensaban encontrarlo en un evento de música *house*. Algunos jóvenes eran de muy corta edad, y no tendrían por qué haber andado fuera de casa en la madrugada, pero aparentemente estar en casa era más peligroso.

En una ocasión, yo estaba conversando con una chica que era menor de edad en un evento realizado en un estudio de cine de Hollywood, y entonces me contó que ya había tenido varios abortos, y por esa razón ya no podría tener hijos. Yo no la conocía, pero ella hablaba demasiado con cualquiera que se acercara porque estaba drogada. Lamentablemente, no era la única chica en esta situación desafortunada puesto que los abortos en California estaban a la alza en las estadísticas.

Lo más interesante del movimiento de la música *house* es que atraía a personas de todas las razas y de todos los géneros sin importar su posición económica o educativa. Cómo latino inmigrante en Los Ángeles fui blanco de racismo de diferentes maneras. Una vez, mientras caminaba por las calles de las playas de Santa Mónica con unos amigos escuchamos las palabras: «Regresen a su país», al voltear vimos que era un grupo de personas blancas. En otra ocasión, fui en mi Suzuki blanco a un club llamado Happy Wednesdays en Redondo Beach, una comunidad de blancos donde disfrutábamos de música *house*. Cuando salí del club una patrulla de policía con oficiales blancos me siguió hasta la entrada de la autopista para asegurarse de que yo hubiera salido por completo de la comunidad de blancos. La música *house* era para todos, pero muchas comunidades no aceptaban la integración racial.

Encuentros con policías

Mi relación con la policía empezó unos años antes cuando me detuvieron por manejar con las luces apagadas de mi lugar de trabajo al apartamento donde vivía con mis padres cuando tenía dieciocho años. Me llamaron de emergencia porque había un problema en casa, y, por salir de prisa, olvidé encender las luces. Además de recibir una multa por manejar sin luces, también me multaron por manejar sin licencia. Un año después me detuvo una unidad CRASH de la policía de Los Ángeles. Aparentemente tenía que presentarme a la corte además de pagar las multas, pero por negligencia no me presenté y la corte emitió una orden de arresto. Los policías de CRASH me trataron como un narcotraficante e inspeccionaron cada pulgada de mi auto mientras me preguntaban dónde había escondido las drogas. El acrónimo CRASH significa Recursos Comunitarios Contra Matones Callejeros por sus siglas en inglés. Después de revisar mi coche me pusieron las esposas y me llevaron a la estación de policía para procesarme y luego llevarme a prisión. El temor me embargó puesto que no pensé que por un delito menor me pudieran encarcelar. Afortunadamente, llevaba trescientos dólares en el saco para pagar la fianza porque era viernes y me acababan de pagar mi sueldo. Pagar la fianza en el instante me salvó de no ser transportado a la prisión central. Al presentarme a la corte unos meses después, el juez me dio un año de libertad condicional donde tenía que encontrarme con un agente de manera regular. La verdad yo no creía que todo esto fuera necesario, pero así era la vida de un muchacho latino en Los Ángeles en 1989.

Shoom

En 1987 la carita feliz amarilla, símbolo del movimiento *acid house*, apareció por primera vez en el tercer volante del club Shoom en el Reino Unido con las palabras: «Feliz, feliz, feliz», después de que un grupo de DJ incluyendo a Danny Rampling escucharan música *acid house* de Chicago por primera vez en un club en Ibiza. Rampling regresó al Reino Unido y abrió el club Shoom en un centro de entrenamiento de gimnasia y contrató el sonido de Carl Cox. La carita feliz amarilla se convirtió en el emblema para describir a la generación del «segundo verano del amor»; una generación que quería la paz, la unidad y bailar con libertad. Esta generación era similar a la generación de los *hippies* que se desarrolló en 1967 en las calles Haight and Ashbury cuando más de cien mil jóvenes se juntaron para dar inicio al movimiento *hippy* en San Francisco. Este movimiento también tenía su propio género de música, drogas psicodélicas y tendencias de moda, arte y poesía. A los *hippies* los llamaban «los niños de las flores» y a los jóvenes que salieron del movimiento *acid house* en Londres les llamaron «*ravers*».

Mientras tanto, en Los Ángeles, a finales de los ochenta, éramos unos cuantos los que seguíamos el movimiento *acid house.* La moda del movimiento era vestirse al contrario de la moda actual. *Jeans* flojos, camisetas teñidas anudadas con mensajes de paz y amor y bandanas de colores neón. Al tratar de entrar a un club en Hollywood vestido de esta manera me dijeron que no me permitían entrar porque era contra las reglas de vestuario. Es una de las razones por las que decidimos empezar nuestras propias fiestas con música *house* y sonido que hace temblar la tierra.

En un corto tiempo los clubes se empezaron a vaciar y las fiestas clandestinas que nosotros y otros grupos de DJ organizamos empezaron a atraer a multitudes de jóvenes. La música *acid house* se convirtió en *deep house*, y los miembros de la generación X llegamos a lo más profundo.

2
El vacío y las tinieblas

Una noche de verano de los noventa, desde lo más profundo de mi ser suspiré esta oración: «Dios, no me dejes morir así». Fue un momento en mi vida cuando me di cuenta de que lo que estaba haciendo tendría consecuencias muy graves. Había iniciado un camino que definitivamente me haría pasar por un valle de sombra de muerte.

¿Cómo llegué a esta situación? Me encontraba poseído por las drogas y esperaba tener un emocionante viaje psicodélico y tiempos de aventuras estimulantes. Mis amigos me dijeron que tomar píldoras de éxtasis (MDMA) era la mejor manera de tener experiencias fuera de este mundo. Además de que escuché varias historias seductoras de mis compañeros de fiesta que me decían: «Esto intensifica tu creatividad y acrecienta tu sistema sensorial». Para mí todo esto era nuevo, pero los promotores de las drogas psicodélicas como el psicólogo y escritor Timothy Leary y Aldous Huxley, el autor del libro *Las puertas de la percepción*, habían estado hablando de drogas psicodélicas desde los años cincuenta, sesenta y setenta. Aldous Huxley influenció a Jim Morrison, el cantante principal de la banda de rock The Doors, quien en 1954 participó como voluntario para el psiquiatra Humphry Osmond durante sus experimentos con mezcalina. Tanto así, que Morrison tomó una parte del título del libro de Huxley para su banda de rock.

Muchos de los jóvenes de Los Ángeles de los noventa que aceptaban estas creencias me decían que si tomaba ácido (LSD) o éxtasis (XTC, MDMA) podría entrar en otro universo creado en parte por las luces, los rayos láser, las imágenes de las pantallas gigantescas y las vibraciones del sonido. Los músicos y los DJ decían frases como: «Esto te pone en órbita y entenderás la profundidad del mundo de la música». Pero la frase que cautivó mi atención fue esta: «Con éxtasis el sexo es mucho más intenso». Era increíble que hubiera tantas promesas contenidas en una pequeña píldora. Tomé la decisión de probarla, puse la píldora en mi boca y me la tragué. Tenía mucha expectativa, listo para comprobar la supuesta reputación de la pastilla. Después de esperar unos minutos empecé a sentir el efecto de la droga.

¡Qué decepción! Sentí su efecto, pero no fue lo que esperaba de la famosa píldora. Lo que vino sobre mí fue unas tinieblas profundas. El temor se apoderó de mi ser y mis pensamientos se llenaron de paranoia. Pero en medio de toda esta confusión me acordé de que Dios existe, y fue en ese momento que hice esta oración: «Dios, no me dejes morir así». Unos minutos más tarde estaba en el viaje. Mi mente quedó completamente bajo el efecto de la sustancia psicoactiva y mi vida se fue cuesta abajo porque, a pesar de todas las promesas y afirmaciones acerca del éxtasis, mi alma no encontró la zona de trascendencia, sino más bien se llenó de una gran angustia acompañada por sentimientos de placer en mi cuerpo; es decir, de placer por hacer el mal.

Haber tomado la píldora de éxtasis abrió la puerta a un episodio nuevo en mi vida. Un episodio sin inhibiciones o límites lleno de libertinaje y oscurecido por las sombras. Un episodio carente de temor para hacer cosas ilícitas en el que las consecuencias de las acciones mismas no tenían importancia. Dos años y medio de experimentar con las drogas me dejaron enfermo, pobre, emocionalmente frustrado, inestable y aislado de mi familia y mi comunidad. Sin embargo, había una fuerza que me atraía hacia las píldoras una y otra vez.

Primer encuentro con Dios

Si tan solamente hubiera respondido al llamado de Dios unos años antes. Ahora comprendo que Dios nos ama profundamente y que busca la manera de encontrarse con nosotros para que conozcamos que él nos creó y que él es nuestro Dios y Padre. A mediados de los años ochenta, cuando yo tenía quince años, una familia pastoral se mudó al edificio de apartamentos donde vivíamos con mi familia. Esta familia pentecostal invitó a mi mamá a la iglesia que ellos pastoreaban en la ciudad de Hollywood, y después de unas semanas, mi mamá nos pidió que fuéramos también con ella, pero mi papá no fue con nosotros.

Una noche de servicio, mientras compartía las Escrituras un ministro itinerante de apellido Flores que pasaba por Hollywood, me sucedió algo extraordinario. En medio de su mensaje empecé a cuestionar las palabras que decía. Empecé a preguntarme si lo que él y mi mamá decían era cierto o si quizá mi maestro de ciencias naturales tenía la razón y la verdad. La pregunta en mi mente tenía que ver con la evolución que mi maestro nos enseñó en la escuela y que nos aseguró era verdad y con la Creación que aprendí de mi mamá y de los maestros de los servicios dominicales a los que asistíamos en la iglesia cuando era niño en Guatemala. ¿Cuál de los dos temas era verdad?

Justo mientras yo argumentaba en mi mente los dos temas, el ministro se detuvo y me pidió directamente que pasara al frente. Cuando pasé al frente el ministro puso su mano sobre mi cabeza y acercándose a mi oído izquierdo me dijo estas palabras: «Tengo grandes poderes delante de ti». Lo recuerdo como si fuera hoy porque la voz que escuché tenía un efecto celestial y al momento de oírla mi espíritu fue levantado hacia una luz en las alturas y mi cuerpo cayó al piso. Fue entonces cuando mi alma reconoció la innegable verdad de que Dios es real y verdadero.

Desafortunadamente para mí, por falta de entendimiento y convicción, no continúe por ese camino de acercamiento a Dios. Dentro de mí tenía la seguridad de que Dios es real, pero me faltaba la convicción de que lo necesito diariamente como el aire que respiro o el pan de cada día para poder vivir por la gracia de su salvación. Unos años después, en el momento en que sentí el vacío en mi ser al tomar las drogas, y las tinieblas, y me invadió el temor por estar perdido fue cuando expresé las palabras: «Dios, no me dejes morir así».

Por años, incluso antes de empezar a tomar drogas, mi brújula moral ya estaba quebrada. Pasaba los días de fiesta, bebiendo y promoviendo la vida de conciertos y reventones ilegales de Los Ángeles. En mi vida nocturna, yo era un DJ, promotor y proveedor de sistemas de refuerzo de sonido para conciertos. Pero al comenzar con las píldoras mi brújula moral quedó completamente destruida. Manejaba drogado y ponía mi vida y la de muchas otras personas en peligro.

Un fin de semana de verano sufrí una sobredosis terrible que por poco acaba con mi vida. Perdí la cuenta de cuántas píldoras había ingerido y tuve convulsiones causadas por una falla en todo mi sistema nervioso mientras manejaba para salir de la zona roja de Hollywood. Logré detenerme a la orilla de la autopista y durante las convulsiones pensaba: «Hoy sí me muero». De alguna manera sobreviví esa noche, pero a la noche siguiente continúe consumiendo drogas. Como dije antes, a pesar de mis malas experiencias al consumir drogas, por alguna razón o fuerza volvía una vez más a tomarlas.

Mi vida, paso a paso y píldora tras píldora, se estaba convirtiendo en una serie de desórdenes y problemas complicados sin salida. Aunque conocía a mucha gente me sentía solo. Empecé a apartarme de mis amigos para drogarme en lugares donde podía estar a solas. De repente, la vida que desarrollé al principio de los noventa empezó a derrumbarse. Estaba perdiendo todo lo que había construido con mucho esfuerzo. Como por arte de magia, mi equipo de sonido para conciertos se empezó a destruir. Los sistemas electrónicos, los generadores, las bocinas y los amplificadores fallaban por razones extrañas. Me robaron mi automóvil enfrente de mi apartamento en la ciudad de Hollywood, y cuando lo encontró la policía en un callejón desolado en el sur del centro de Los Ángeles estaba completamente desvalijado; es decir, sin motor, transmisión, neumáticos ni asientos, solamente quedó la carrocería. Por negligencia, no había contratado un seguro que cubriera mi auto en caso de robo. En poco tiempo quedé endeudado por el uso de mis tarjetas de crédito y endeudado con algunos distribuidores de equipo de sonido. Por si fuera poco, un tiempo más tarde por un sinnúmero de razones me quedé sin vivienda. Me quedaba a dormir con amistades y mis pensamientos me murmuraban: «No vales nada». Por lo menos, logre conservar un trabajo estable con un sueldo bajo que me mantenía un poco seguro. Pero mi vida estaba a punto de cambiar drásticamente.

Segundo encuentro con Dios

Venid a mí todos los que estáis trabajados y cargados, y yo os haré descansar. -MATEO 11:28

La tarde de un viernes en diciembre de 1996 pasé a visitar a mi mamá antes de salir con un DJ amigo mío a tocar en una fiesta. El plan era que mi amigo pasara por mí después de que saliera de visitar a mi madre para luego ir a tocar en una fiesta invernal. Pero esa noche fría noté que mi mamá estaba ordenando las sillas de su apartamento para recibir a un grupo de amigos de su iglesia. Decidí en ese momento ayudarla con las sillas antes de que mi amigo pasara por mí. De repente, el grupo de hermanos en Cristo entró al apartamento, y sentí un deseo inexplicable de quedarme para la reunión. En un momento cuando el pastor hablaba de que Jesús fue enviado por Dios el Padre y Creador de todo el universo para redimirnos de este mundo de pecado y darnos esperanza de una vida mejor como hijos de Dios, sentí que esas palabras estaban siendo habladas directamente a mi corazón. Luego, el pastor preguntó suavemente: «¿Habrá alguien aquí que necesite a Jesús como salvador?». El lugar estaba completamente en silencio, o por lo menos así lo percibí yo, y después de unos cuantos segundos el pastor dijo: «Si alguien necesita a Jesús como Salvador levante su mano». En ese momento me di cuenta y reconocí que yo necesitaba salvación. Yo necesitaba salir de mi vida de pecado y desorden. Levanté mi mano sin decir nada y en ese momento sentí un fuego sobrenatural entrar literalmente en mi corazón y una paz inexplicable inundó todo mi ser. Las tinieblas se fueron y la depresión que había hecho de mí su casa fue expulsada y reemplazada por la divina presencia de Dios. En menos de un segundo mi vida cambió por completo. La gracia de Dios se manifestó en un acto tan sencillo como levantar la mano y reconocer que necesito a Jesús para vivir. Esta experiencia definitivamente es mejor que el falso éxtasis producido por las píldoras de MDMA. La presencia de Dios en mi ser es un verdadero éxtasis.

Con el pasar del tiempo me di cuenta de que Jesús había contestado aquella oración que hice cuando estaba poseído por las drogas: «Dios, no me dejes morir así». Dios escucha nuestras oraciones aun cuando vivimos en la oscuridad, pero solamente mediante aceptar el sacrificio de Jesús en la cruz nos permite recibir la luz de la vida eterna que alumbra nuestro caminar y destino para el cual fuimos creados. Este era tan solo el principio de muchas manifestaciones de éxtasis impartidas por Jesús, la fuente de gozo sobrenatural.

Brujería

Una de las cosas que descubrí mientras hablaba con Dios fue que mi familia estaba bajo una maldición generacional que vino por la práctica de brujería dos generaciones antes. Esa maldición no permitía que mi familia prosperara y algunos miembros de la familia no llegaron a cumplir su propósito y murieron antes de tiempo. Cuando Jesucristo empezó a revelarnos la verdad renunciamos a la maldición y nos cubrimos bajo el poder y el dominio del Señor Jesús. Ahora estamos libres de maldición y vamos prosperando en espíritu, alma y cuerpo.

3
Falta de visión divina

Pan de vida

No solo de pan vivirá el hombre, sino de toda palabra que sale de la boca de Dios. -MATEO 4:4

Fue Jesucristo quien dijo estas palabras cuando estaba siendo probado por Satanás. Jesús sabía cómo enfrentar las tentaciones de Satanás con las enseñanzas del Padre y Creador de la raza humana. Jesucristo sabía muy bien cual es su misión y propósito en este mundo. Él tenía las instrucciones y conocía los planes para su vida. Por lo contrario, en mis años de estudiante en el bachillerato Belmont yo no conocía mi propósito ni tenía un plan o una visión clara de lo que iba hacer con mi vida. Por eso mis malas decisiones me llevaron a hacer cosas que me pusieron en peligro.

En 1988 unos amigos, uno de mis primos, mi hermano menor y yo decidimos hacer una serie de fiestas en casas.

El Verdadero Éxtasis

Nosotros les llamábamos *house* parties. Compramos equipo de sonido y con una colección de música de discos de vinil y con unas pocas luces empezamos nuestra primera fiesta. No teníamos experiencia ni idea de cómo organizar una fiesta segura y libre de problemas en nuestro vecindario. Hicimos volantes de anuncios y los repartimos en nuestros alrededores y el día de la *house party* nos sorprendimos de que se llenó la casa. Cobramos dos dólares por entrada y permitimos que cada uno trajera su bebida. El resultado de nuestra primera promoción fue una casa llena de jóvenes que estaban bailando al son de la música. El problema vino cuando un auto con jóvenes armados se detuvo frente a la casa donde estábamos y uno de los jóvenes del auto apuntó su escopeta hacia la multitud. Al darse cuenta todos se tiraron al piso con gran temor. De repente, uno de nuestros amigos, quien era residente de la casa, bajó del segundo nivel con un rifle automático M16. Los jóvenes del auto salieron huyendo al ver que la capacidad del M16 podría llenarlos de impactos de bala. Por unos momentos todos en la fiesta tuvieron temor de ser heridos por las balas. Pero después del incidente continuaron bailando como si no hubiera pasado nada. Al final, nuestra primera fiesta fue todo un éxito. Pusimos nuestros nombres en el mapa de la ciudad. Pero era solo el principio de una multitud de peligros y problemas a causa de los cuales algunos terminaron en el hospital o en la estación de policía, simple y sencillamente porque nuestras decisiones no tenían ninguna clase de conocimiento o sabiduría para vivir una vida saludable en lo físico o lo moral. Qué diferente hubiera sido si hubiéramos crecido conociendo las palabras de Jesucristo.

Ahora entiendo que el Pan de Vida son las palabras y enseñanzas de Jesús. Pero en mis años de bachillerato las únicas enseñanzas que tenía eran las que aprendí en la escuela pública y de mi padre, las cuales no eran tan sabias dada la misma ausencia de las palabras de Jesucristo en su vida. Durante mi ceremonia de graduación de bachillerato la cocaína pasaba de mano en mano de los estudiantes que celebraban un futuro incierto. En ese tiempo yo no consumía drogas, pero en una comunidad donde las drogas abundaban lo más seguro era que nuestros caminos se cruzaran en algún momento.

Vivir en medio de violencia, pandillas y drogas

Llegué a Los Ángeles con mi familia en los años ochenta para escapar de la guerra de Guatemala. Llegamos con el sueño de vivir una vida mejor. Obviamente, no fuimos los únicos en emigrar a Los Ángeles en esa década, ciento veinte mil personas por año llegaban a Los Ángeles de diferentes países con el mismo sueño. Los líderes de la ciudad no estaban preparados para recibir a esta gran multitud de personas. No había viviendas suficientes para todos, y los que encontraban vivienda compartían el espacio con un gran número de familiares o amigos. Por lo regular, ambos padres salían a trabajar y los hijos íbamos a la escuela. Las escuelas de la ciudad no tenían espacio para tantos nuevos estudiantes, y los maestros tenían llenas sus clases con más de cuarenta estudiantes por aula. Para muchos de nosotros, el sueño de una vida de éxito se convirtió en uno de supervivencia. Algunos jóvenes formaron pandillas para sentir alguna forma de comunidad. El distrito escolar no tenía suficiente personal para mantener el orden en las escuelas.

El primer día de bachillerato llegué a la escuela un poco nervioso. Para la hora del almuerzo mis nervios aumentaron a temor. Se armó una pelea en el patio y varios estudiantes terminaron heridos. Al siguiente día, yo no quería ir a la escuela, pero mi padre me llevó directamente a la puerta de la escuela. Mis cuatro años de escuela fueron de supervivencia dado qué el bachillerato Belmont tomó el título de la escuela más violenta del país. Muchos estudiantes no entraban a clase y vagaban por los pasillos para matar el tiempo. Más de una vez trataron de robarme, pero por lo regular no cargaba efectivo. Siempre tenía que estar alerta en el baño o también en el autobús camino a casa. Viví en diferentes zonas de la ciudad durante los cuatro años, por lo cual, tuve que adaptarme a las pandillas de cada área.

No era fácil encontrar esperanza o buenas nuevas en mi época de estudiante de bachillerato. En medio de la guerra fría que era evidente en todo el país y los mensajes oscuros que proyectaban las películas de Hollywood, ya fueran postapocalípticos o que describían el mundo después de la guerra nuclear, no había mucho espacio de donde obtener optimismo hacia el futuro. Los programas de televisión y algunas películas trataban sobre la vida de personas atrapadas en las drogas, el crimen y la prostitución. Con toda seguridad, en otras áreas de la ciudad la vida se veía diferente, pero en el círculo donde yo vivía la vida era más oscura. Es evidente que mi vida y la de muchos en la metrópoli de Los Ángeles carecía de luz, visión o el mensaje positivo de las buenas nuevas del evangelio. La Palabra de Dios era escasa y muy pocos hablaban palabras de revelación de Dios. En definitiva, la falta de instrucción divina y enseñanzas sabias provocaron el vacío en mi mente y en mi ser interior. Dios fue fiel en cuidar de mí en el transcurso de esos años. Él tenía planes para mi vida que yo no me imaginaba. La Biblia lo dice de esta manera:

Porque yo sé muy bien los planes que tengo para ustedes —afirma el Señor—, planes de bienestar y no de calamidad, a fin de darles un futuro y una esperanza. Entonces ustedes me invocarán, y vendrán a suplicarme, y yo los escucharé.
-JEREMÍAS 29:11, NVI

Que dulce y tranquilizador es saber que Dios tiene planes para nosotros aun cuando no tenemos idea de lo que nos espera en el futuro.

Dios ha prometido darnos bienestar y esperanza si lo buscamos de corazón.

El Verdadero Éxtasis

4
La tierra tiembla

Mi pueblo fue destruido, porque le faltó conocimiento.
OSEAS 4:6

Tengo muy pocos recuerdos de mi padre cuando yo era niño. En 1976 a las 3:01 a.m. hubo un fuerte terremoto de 7,5 grados de magnitud en Guatemala que sacudió a toda la ciudad, incluyendo a nuestra casa que era de adobe. Suena ridículo, pero en los setenta en Guatemala las casas de adobe eran comunes entre los pobres. Con el terremoto nuestra casa se derrumbó, pero mi padre y mi madre lograron sacarnos a mi hermana, a mi hermano y a mí, todavía medio dormidos, antes de que todo se viniera abajo. Es increíble, pero ser pobre tiene consecuencias tanto en lo natural como en lo espiritual. La falta de conocimiento y sabiduría te llevan a construir lugares inestables que se caen en medio de tormentas, temblores y situaciones turbulentas. Después del terremoto mi padre salió hacia Los Ángeles, California, en busca de un trabajo para darnos lo esencial. Fue su forma de tratar de construir un lugar mejor para nosotros. Recuerdo que no lo vi durante seis años y que me reencontré con él en 1982 cuando vino por mí y mis hermanos para llevarnos a Los Ángeles donde mi mamá ya tenía un año de haber emigrado para buscar trabajo y unificar a la familia.

Construir un hogar es similar a construir una casa. Necesitas conocimiento y sabiduría. Debo admitir que el conocimiento y la sabiduría provienen de Dios. La Biblia dice en el Salmo 127:

Si Jehová no edifica la casa, en vano trabajan los que la edifican; si Jehová no guarda la ciudad, en vano vela la guardia.
-SALMO 127:1, RVR

Al empezar nuestra vida en Los Ángeles mi padre empezó a reconstruir nuestra familia, pero para construir se necesita dirección tanto secular como espiritual.

Mi padre no tenía la bendición de conocer a Jesucristo y sus padres tampoco. Como consecuencia construyó su hogar con lo que recibió de sus padres y lo poco que aprendió con solamente la educación primaria. Me enseñó a hacer deporte, a trabajar en mecánica automotriz, sobre música y baile, un poco de electricidad y mucho de jardinería. Pero nunca me enseñó acerca del sexo o el matrimonio, y no recuerdo si la escuela pública tocara el tema. Lo que recuerdo es que de niño mi padre me llevó a casa de un vecino para ver películas pornográficas. Yo creo que esa fue su manera de hablarme acerca del sexo.

En los ochenta la pornografía abundaba y, aunque no era tan accesible como ahora por la internet, de todas maneras, estaba por todos lados. También las drogas abundaban en mi comunidad y venían personas de los suburbios para comprar. La prostitución también era visible y no era raro ver prostitutas caminar por las calles. Algunas incluso llamaban a las puertas del vecindario. Era un círculo mortal.

Como yo vivía en este ambiente y no tenía un fundamento de conocimiento moral fui tentado como todo joven en mi comunidad y más temprano que tarde caí en la inmoralidad sexual. Cuando aún vivía con mis padres una prostituta llamó a la puerta de mi apartamento cuando me encontraba solo y me hizo una oferta. Recuerdo que no tenía más dinero que una jarra llena de centavos y le propuse darle eso. Fue una experiencia que marcó mi vida. Quedé muy dañado en mi alma y en mi mente. El temor y la ansiedad que me sobrevinieron por no usar protección y por pensar que me había contagiado de sida fueron solo temporales. Lo cierto es que paso a paso me dejé llevar por las seducciones inmorales y me convertí en una persona capaz de romper las leyes sociales y morales sin respeto a las consecuencias.

Muchas personas son afectadas por el círculo de la inmoralidad. Algunas se prostituyen para drogarse y otras se drogan para prostituirse. Estamos conscientes de que hay muchas personas que son forzadas a prostituirse, y que también son drogadas al punto de la adicción. Es un círculo de inmoralidad que tiene como consecuencia la muerte; ya sea de manera rápida o lenta, pero es muerte de todas formas.

El Verdadero Éxtasis

5
El Maestro perfecto

Jesucristo es nuestro maestro no solo en palabras, sino también en hechos. Él puso por obra lo que aprendió de su Padre, la fuente de sabiduría. Piensa en esto, la Biblia dice que Jesús fue tentado en todo, pero que nunca cometió pecado.

Porque no tenemos un sumo sacerdote que no pueda compadecerse de nuestras debilidades, sino uno que fue tentado en todo según nuestra semejanza, pero sin pecado.
-HEBREOS 4:15

Cuando Jesús nació, el mundo también estaba en oscuridad como lo está ahora. La profecía dice acerca de su nacimiento:

El pueblo que andaba en tinieblas vio gran luz; los que moraban en tierra de sombra de muerte, luz resplandeció sobre ellos. -ISAÍAS 9:2

El Verdadero Éxtasis

Cuando Jesús nació, la maldad abundaba. Durante siglos, no hubo palabra de parte de Dios y la gente vivía bajo la opresión del Imperio Romano. Había guerra dentro y fuera de la ciudad. Se levantaba una revuelta tras otra y las personas sufrían de muchas enfermedades. Muchos eran crucificados por cometer crímenes. Pero Jesús nació para traernos vida y vida en abundancia, y al morir en la cruz tomó nuestro lugar para darnos vida eterna. La Palabra de Dios dice así:

Porque también Cristo padeció una sola vez por los pecados, el justo por los injustos, para llevarnos a Dios, siendo a la verdad muerto en la carne, pero vivificado en espíritu.
1 PEDRO 3:18

Jesús nunca cayó en tentación, nunca cometió pecado, pero se hizo pecado por nosotros al morir en una cruz con el fin de que nosotros fuéramos justificados por su sangre. La Biblia dice:

Al que no conoció pecado, por nosotros lo hizo pecado, para que nosotros fuésemos hechos justicia de Dios en él.
2 CORINTIOS 5:21

Gracias, Jesús, por tomar mis pecados y darme salvación y vida eterna.

6
La Roca es Jesús

Los dos cimientos

Esta parábola que cuenta el Señor Jesús en el Evangelio de Mateo es una de mis favoritas de la Biblia:

Cualquiera, pues, que me oye estas palabras, y las hace, le compararé a un hombre prudente, que edificó su casa sobre la roca. Descendió lluvia, y vinieron ríos, y soplaron vientos, y golpearon contra aquella casa; y no cayó, porque estaba fundada sobre la roca. Pero cualquiera que me oye estas palabras y no las hace, le compararé a un hombre insensato, que edificó su casa sobre la arena; y descendió lluvia, y vinieron ríos, y soplaron vientos, y dieron con ímpetu contra aquella casa; y cayó, y fue grande su ruina.

Y cuando terminó Jesús estas palabras, la gente se admiraba de su doctrina; porque les enseñaba como quien tiene autoridad, y no como los escribas.

-MATEO 7:24-29, RVR

El Verdadero Éxtasis

Jesucristo relata esta parábola acerca de un hombre necio que construyó su casa sobre la arena y que al venir la tormenta su casa se derrumbó. Y de un hombre que construyó su casa sobre la roca, y que al llegar la tormenta su casa permaneció. El Señor Jesús es la Roca eterna, el fundamento sobre el cual todo hombre y mujer deben construir su vida. Evidentemente, como yo no conocía a Jesús el Salvador comencé a construir mi vida sobre la arena. La arena es el fundamento o cimiento falso (filosofías y enseñanzas) que el mundo nos enseña. Las tormentas, los vientos y los ríos son los asuntos y eventos problemáticos que la vida nos trae. Fueron esas tormentas las que me empezaron a sacudir cuando mis padres se separaron por causa de problemas difíciles de perdonar. Poco después, mi padre murió embriagado, lejos de mí, a solas y deprimido por episodios en su vida que le causaron mucho sufrimiento. También los vientos destructores soplaron sobre mí cuando me robaron el coche sin la oportunidad de poderlo reemplazar y muchas otras situaciones que me causaron ansiedad.

Edificar sobre la arena

En 1989, las *house parties* o las fiestas en casas que hacíamos con mis amigos empezaron a crecer. Las casas se llenaban y los vecinos se veían forzados a llamar a la policía para dispersar a la juventud. Nos hicimos a la idea de que podíamos empezar un club, pero siendo de bajos recursos no teníamos para alquilar un local. Decidimos usar estacionamientos, bodegas abandonadas, sótanos de edificios o cualquier lugar con más espacio. Nuestro sonido crecía también con capacidad para alcanzar a más personas. Nos unimos con más DJ y más promotores, y juntos alcanzamos multitudes.

No éramos los únicos que hacíamos fiestas y alborotábamos a las comunidades. Había otros grupos de DJ y promotores que también lo hacían a lo largo de la inmensa ciudad de Los Ángeles. Por si esto fuera poco, los famosos promotores y DJ de raves de Londres y miembros del grupo Wicked llegaron a California para continuar lo que empezaron en Europa. Además, Timothy Leary en su avanzada edad también decidió promover la renacida cultura de fiestas psicodélicas con eventos mejor organizados y con una mayor cantidad de finanzas. En unos pocos meses, con la entrada de los noventa, los *raves* explotaron en Los Ángeles, San Francisco y San Diego, y nosotros rápidamente imitamos su sistema de promoción y preparación.

Durante esos primeros meses de la década con la que vinieron nuevas tecnologías, series de televisión y tendencias de la moda yo empecé a rodearme de grupos que contribuían con la creación de eventos juveniles. Por ejemplo, me asocié con jóvenes que se encontraban en diseño gráfico avanzado para producir anuncios y moda, y también con jóvenes que trabajaban en tiendas de discos como Street Sounds en la parte oeste de Melrose Blvd., Beat Non Stop en el centro y DMC Records en la parte este, en Hollywood.

El Verdadero Éxtasis

Todas estas casas de música no solamente vendían música *house* de Chicago, *techno* de Detroit y Londres, así como *trance* de Alemania y otras partes de Europa, sino también servían como centros de promoción por medio de volantes con el más avanzado diseño gráfico de los noventa. Otros empezaron a colaborar con revistas de música electrónica como la *URB Magazine* fundada por Raymond Leon Rocker en diciembre de 1990 en West Hollywood para informar y cubrir la nueva cultura urbana alrededor de la música *house, techno, acid jazz* y demás en la ciudad de Los Ángeles y sus alrededores. Incluso, otros jóvenes se dedicaron a construir sistemas de luces y láseres para iluminar de manera espectacular las bodegas, las playas, las montañas, los ranchos y los lugares desiertos donde los raves hacían temblar la tierra literalmente.

Encima de todo este talento también llegaron los que estaban dispuestos a distribuir y vender drogas en todos los *raves* y *after hours clubs* de California. Toda una multitud de jóvenes talentosos construyeron sus casas sobre la arena donde las drogas como el cristal *speed,* el XTC y el ácido fueron las tormentas perfectas que derrumbaron la vida de muchos incluyendo la mía.

Tal vez todo esto no suene tan mal, y no tengo nada en contra de la música, sin importar el género, ni tampoco de las artes ni de la cultura urbana, pero cuando empiezo a sumar los momentos de peligro y situaciones que no salen de acuerdo con los planes que desarrollamos por falta de sabiduría o visión concreta me doy cuenta de que, en verdad, mi vida no tenía un buen fundamento. Por ejemplo, en una ocasión entramos ilegalmente a un edificio en remodelación. Mis amigos redactaron un contrato falso el cual describía la renta del edificio y cuánto dinero habían pagado. Al inicio del evento llegó la policía local y confiscaron toda la cerveza que teníamos allí. Les dijimos a los policías que habíamos firmado un contrato con ese local y mis amigos les mostraron el contrato falso. También inventaron la historia de que el gerente se había ido cuando ellos llegaron. Por alguna razón, la policía les creyó y nos dijeron [en broma] que debíamos contratar a unos hombres muy fuertes para que le dieran una golpiza al que nos engañó. Luego nos dejaron sacar todo el equipo de sonido y las luces excepto los barriles de cerveza después de haber desalojado a los jóvenes que estaban dentro. Mis amigos querían ir a la estación de policía para reclamar los barriles de cerveza, pero ninguno tenía la edad mínima para consumir alcohol.

El Verdadero Éxtasis

7
La senda de los malos

La Biblia dice en Salmos 1:6 (NVI):

Porque el Señor cuida el camino de los justos mas la senda de los malos lleva a la perdición.

Recuerdo que en mi niñez los adultos de la colonia donde residía decían: «El que anda entre la miel algo se le pega». Y recuerdo que mis tías también decían: «Dime con quién andas y te diré quién eres».

Estos son dichos que se han escuchado de generación en generación, pero que tienen mucha verdad. De niño, las únicas bardas que me saltaba eran las de los vecinos para cortar fruta de sus árboles. Después de haber entrado ilegalmente al edificio en remodelación y no ser arrestados mis amigos encontraron otro lugar comercial en el centro de Los Ángeles donde planeamos otro evento. Muchas veces alquilábamos locales comerciales, pero de vez en cuando entrábamos ilegalmente.

Esa noche específica de verano, estábamos entrando una vez más ilegalmente a una bodega cuando llegó la policía. Ese momento fue cómico porque la policía nos preguntó por qué habíamos vuelto si ellos nos habían sacado la semana anterior. Nosotros no sabíamos que el lugar había sido usado por otro grupo de DJ una semana antes. Al darnos cuenta le dijimos a la policía que estábamos allí solamente para recoger el equipo que se había quedado adentro la semana anterior. La policía esperó a que cargáramos todo y nos dejó ir en paz. Con mis amigos aprendí a quebrantar las leyes y también a practicar el arte de la mentira. La perdición requiere un proceso, y yo estaba en ese proceso caminando hacia la meta.

Más heridos

Un amigo nuestro al cual le decíamos Tico porque es de Costa Rica fue apuñalado después de salir de una de nuestras fiestas. Era un DJ con una colección de discos de la era *new wave* y de rock clásico. Tico era uno de los miembros de un dúo llamado Tico y Nica. Nica, por supuesto, es de Nicaragua. Cuando nos contaron que estaba en el hospital lo llamamos, y Tico nos relató el momento en que lo apuñalaron. Dijo que le trataron de robar parte de su colección de discos, pero se resistió a ser asaltado y prefirió ser apuñalado. Se reía y estaba orgulloso de no haber permitido que se llevarán su colección. Espero que ahora reconozca que no vale la pena arriesgar la vida por unos discos de vinil.

Los Ángeles de los noventa era una ciudad con mucha violencia. Uno de mis amigos fue apuñalado cuando le robaron el auto en una estación de servicio. Quedó tan mal herido que después de la cirugía todavía tenía que orinar por medio de un catéter urinario. Por estas razones muchos grupos de jóvenes andaban armados.

En una ocasión, al salir de una fiesta me fui con unos DJ que conocí esa misma noche. Al pasar por un famoso túnel en el centro de Los Ángeles, una patrulla de policía nos detuvo en el túnel. Éramos alrededor de cinco carros. Cuando el oficial se bajó de la patrulla y se acercó al primer carro, los otros cuatro carros incluyendo el mío huimos a toda velocidad. Al llegar al lugar donde comúnmente se reunían para pasar el tiempo nos tomamos unas fotos. Se me hizo curioso que ellos llevaran puestos unos ponchos mexicanos. Al tomarse las fotos se levantaron los ponchos y debajo traían *uzis* automáticas y pistolas. Se me hicieron muy peligrosos, y fue la única vez que anduve con ellos.

En otra ocasión, un joven recibió un balazo en su cuerpo y cayó al suelo. Este joven estaba a solo unos pasos a mi mano izquierda. Yo no lo conocía y no supe por qué le dispararon, pero me sentí aliviado de no haber sido yo el que recibiera el balazo. La Biblia es clara en decir que la senda de los malos es el camino a la perdición. Yo no estoy para juzgar a los que apretaron el gatillo ni para juzgar a los que fueron heridos. Pero de una cosa estoy seguro, Jesucristo dio su vida en la cruz como sacrificio por todos nosotros. El único hombre justo y sin mancha por los malos e injustos. Si me siento a recordar con mi hermano, mi primo o las personas con quienes vivimos esa época todas la veces que las balas volaron a nuestro alrededor, nos damos cuenta de que es la misericordia de Dios la que nos ha dado vida.

La erupción de los raves

Cuando empezamos a invertir y a desarrollar nuestros eventos con más tecnología y sistemas superiores, y nos aliamos con promotores con mayor capacidad económica, las entradas subieron a diez, quince y veinte dólares. Con mi primo nos dedicamos más a proporcionar un sistema de conciertos. Los eventos ahora tenían diferentes plataformas para diferentes clases de música. En una plataforma sonaba *house* y en otra plataforma, *techno* y aun en otra, reggae o hip hop. Esto causó que varios jóvenes de los suburbios vinieran a los diferentes *raves* de Los Ángeles.

Cuando la música house, techno y trance empezó a sonar en las emisoras de radio de California en las horas de la noche, y los videos que venían de los raves de Inglaterra se empezaron a distribuir en las tiendas de discos, los raves en Los Ángeles hicieron erupción. Algunos recintos superaban el aforo y se convertían en peligros de incendio. En todos los eventos había distribuidores de drogas como LSD, XTC, gas hilarante y algunas otras drogas. Uno de los efectos de estas drogas es un gran incremento en la temperatura corporal que causaba que algunos jóvenes padecieran de deshidratación por falta de suficiente agua y por falta de espacio en medio de la multitud.

Muchos eventos fueron cerrados o cancelados por el departamento de bomberos o la policía local por falta de permisos o por haber superado el aforo. Pero nada podía detener el crecimiento de este fenómeno urbano de música y drogas. Más bien, se inauguró una emisora de música fundada por Ken Roberts el 24 de mayo de 1991 quien contrató como director de música al famoso DJ Swedish Egil para dirigir la estación Mars FM 103.1 dedicada exclusivamente al movimiento *underground*.

También se inició el sello discográfico Moonshine Music Label en 1992, fundado por Steve Levy y Ricardo Viñas con el propósito de lanzar grabaciones de los DJ locales a las naciones de Europa y Sudamérica. Además, compañías de ropa y zapatos locales se dedicaron a diseñar exclusivamente artículos psicodélicos y alucinógenos para este movimiento.

Mientras en Inglaterra se trató de detener el movimiento *underground*, el cual causó pánico moral, a través de entablar juicios y aprobar leyes en contra de los *raves* masivos; en Los Ángeles las autoridades decidieron vender permisos para eventos especiales comúnmente disfrazados como permisos para filmación de películas como la famosa película *Strange Days* o videos musicales y carnavales electrónicos para controlar a las multitudes ignorando la distribución de drogas ya que presumían que las drogas recreativas no adictivas no presentaban ningún peligro. La escena de la película *Strange Days* que relata la celebración de la última fiesta del siglo en la entrada al año 2000 en las calles del centro de Los Ángeles es en realidad un rave de 1994.

La Guardia Nacional, la cual también aparece en esta escena de la película, es real y supongo que no les gustó haber sido usados como utilería de Hollywood. Especialmente cuando los chicos drogados se burlaban de ellos y les daban coscorrones en los cascos. Recuerdo que uno de ellos dijo muy enojado: «Tengo balas reales dentro de este M16», pero, por supuesto, no tenía permiso de disparar. En otro *rave* disfrazado usaron tanques militares reales para vestir el tema de confusión, revolución y anarquía. Cuando hay dólares en Hollywood y relaciones con promotores ricos no hay límites ni falta de creatividad.

8
El ladrón

Jesucristo dijo:

El ladrón no viene más que a robar, matar y destruir; yo he venido para que tengan vida, y la tengan en abundancia.
JUAN 10:10, NVI

Cuando hablo de la erupción de los *raves* me doy cuenta de que muchas veces donde hay una erupción también hay destrucción y muerte. Algunas veces, las erupciones se manifiestan con calma, pero otras veces se manifiestan de forma explosiva. En el caso de los *raves* de la California de los noventa, la erupción fue definitivamente explosiva. Varios reporteros de canales de televisión locales como ABC 7, Fox 11 y el periódico *Los Angeles Times* se dedicaron a realizar investigaciones encubiertas. Además, programas de televisión nacional como *21 Jump Street* y *Beverly Hills 90210* dedicaron episodios donde los personajes participaban en algún tipo de rave o los investigaban.

Las investigaciones relataron la forma en que se organizaban, se promovían y se desarrollaban los *raves*. Además, querían descubrir quiénes eran los distribuidores de drogas para tantos miles de jóvenes adolescentes. Pero pocos se preguntaron qué era lo que atraía a una generación de jóvenes a experimentar con tal cantidad de drogas para luego sufrir tan grandes pérdidas en su estado emocional, social y mental.

El Señor Jesús dijo que cuando viene el ladrón, viene para matar, robar y destruir. A veces, no vemos al ladrón porque viene de noche; es decir, a oscuras cuando no tenemos luz, revelación o discernimiento. Jesucristo dijo:

Yo soy la luz del mundo; el que me sigue no andará en tinieblas, sino que tendrá la luz de la vida.
JUAN 8:12

Psicoterapia y desarrollo espiritual

El psicoterapeuta Leo Zeff inició terapias con drogas psicodélicas como LSD y MDA en 1961. Cuando el LSD fue declarado ilegal en 1966, Zeff continuó usando las drogas en grupos de terapia de manera ilícita. Llegó a ser conocido como El Jefe Secreto durante los setenta cuando continuó terapias en las que le administró XTC (MDMA) a unas cuatro mil personas y entrenó a más de ciento cincuenta terapeutas (Stolaroff, 2004:81). Después de esto continuaron con terapias de fin de semana con diferentes grupos en California.

El Boston Group era un grupo de terapeutas con mucha experiencia en el uso de XTC (MDMA) en 1976. Ellos producían la droga sintética y la distribuían en la ciudad de Boston. El grupo consistió en muchas personas interesadas en el desarrollo espiritual y la psicoterapia. Es evidente que facilitaron la distribución de XTC (MDMA) a muchas otras personas interesadas en el uso de la droga. Todas estas personas popularizaron el uso de XTC en los ochenta y los noventa.[1]

Éxtasis (XTC): la puerta de la percepción

¿Por qué tanto interés en XTC (MDMA)? ¿Qué es lo que buscan encontrar y por qué lo llaman desarrollo espiritual?

Según el Departamento de Justicia de los Estado Unidos, la MDMA (3,4-metilendioximetanfetamina, conocida también como éxtasis) es una sustancia química sintética fabricada en laboratorios, que causa efectos alucinógenos y también estimulantes. La droga fue desarrollada en Alemania a comienzos de 1913 como pastilla supresora del apetito, pero los jóvenes de hoy la consumen por sus efectos alucinógenos que, según los usuarios, intensifican los sentidos y reducen las inhibiciones. También la consumen por sus propiedades estimulantes, ya que les permite bailar por horas en los famosos *raves* y centros nocturnos como los *af-*

---

1. The early use of MDMA ('Ecstasy') in psychotherapy (1977–1985) https://journals.sagepub.com/doi/full/10.1177/2050324518767442,consultado el 22 de Enerode 2021.

ter hours clubs. Además, también se usa en grupos pequeños como en las fiestas de éxtasis o en las universidades. El XTC (MDMA) se vende generalmente en forma de tableta o píldora que se ingiere por vía oral. Las tabletas de MDMA se venden en diversas formas y colores y generalmente llevan un logotipo impreso. Entre los logotipos populares están caritas sonrientes de Mickey Mouse o *emojis*, hojas de trébol y personajes de tiras cómicas.

Desde los noventa la razón primordial de tomar XTC en un *rave* es salir de este mundo que muchos consideran opresivo y violento y entrar a un universo lleno de euforia donde la persona encuentra amor, unidad y alegría en un escenario lleno de música, luces y entretenimiento de diversidad de artistas exclusivamente preparado para su máximo placer.

El autoproclamado evangelista del LSD y las drogas psicodélicas y alucinógenas, Timothy Leary, promovió *raves* en los noventa como también conciertos de rock en los sesenta. Nunca dejó de proclamar que estas drogas eran el camino hacia la expansión mental y el desarrollo espiritual con experiencias místicas. Las dos siguientes palabras fueron las columnas de su mensaje religioso.

psicodelia (manifestación de la mente)
sustantivo femenino
1. Excitación sensorial que se manifiesta con euforia y alucinaciones y que está producida por el consumo de drogas alucinógenas.

2. Movimiento artístico, especialmente musical, que pretende expresar los efectos que provocan las drogas alucinógenas.
alucinógeno, alucinógena
adjetivo masculino y femenino
1. [sustancia] Que causa un cambio del tono afectivo, generalmente hacia la euforia, y que produce alteraciones perceptivas, en especial visiones. Ejemplo: fármacos alucinógenos

Desde los años de Humphry Osmond, autor de la palabra psicodelia, y Aldous Huxley, quien popularizó la palabra alucinógeno en la década de los cincuenta, las generaciones han estado buscando la puerta de la percepción donde la persona pueda entrar al paraíso, al Edén, a ciudades utópicas o al mundo angelical y sobrenatural lleno de euforia y maravillas.

Enteógeno

En 1970 un grupo de etnobotánicos y eruditos en mitología (Carl A.P. Ruck, Richard Evans Schultes, Jonathan Ott y R. Gordon Wasson) establecieron el término 'enteógeno' para reemplazar los términos psicodelia y alucinógeno.

Un enteógeno es una sustancia que provoca inspiración en las personas con sentimientos religiosos o espirituales. Ruck argumentó que la palabra 'psicodelia' suena muy similar a la palabra 'psicosis' y 'alucinógeno' está muy relacionado con la palabra 'delirio'. Ruck también estableció que tanto las drogas sintéticas y naturales como las que se encuentran en hongos mágicos y otras plantas que se usan para ritos religiosos desde la antigüedad y que producen visiones como las utilizadas por los chamanes serían consideradas enteógenas.

Según los antiguos griegos *entheos* es una palabra griega que significa 'entusiasmo' y es la fuente de la creatividad.

Entheos es el dios que habita en el interior de cada uno de nosotros y responde al origen que gobierna nuestros pensamientos y acciones.

El entusiasmo es un fervor interno, una exaltación del estado de ánimo, una fuerza interior superior a la nuestra. Es estar poseído por una alegría excesiva y poderosa, misteriosa y sobrenatural. El entusiasmo es una actitud genérica de júbilo por la vida. La palabra proviene del latín *enthusiasmus* y a su vez del griego *enthousiasmós*, que se traduce como 'éxtasis', 'arrebato', 'inspiración divina'. Los griegos creían que el entusiasmo era un don divino proveniente del cielo, una fuerza guiada por Dios para hacer que ocurran sucesos.

La palabra *entheos o enthous* está formada por la combinación de los términos en (dentro) y *theos* (dios), y significa: que lleva un dios adentro. El entusiasmo era la exaltación del ánimo de las sibilas (adivinas de la antigua Grecia que predecían el futuro) al profetizar en los oráculos. Es decir que se entendía el entusiasmo como producto de la intervención de Dios en el interior de la persona, capaz de motorizar al ser humano y encender su fuego interno.[2]

A mediados de la década de los noventa me tomé un vaso de jugo de naranja mezclado con hongos mágicos. No se por qué lo consumí en la mañana al entrar al trabajo. Tal vez porque sabía que la mayoría de los trabajadores, incluyendo al jefe y fundador de la compañía, tenían experiencias con drogas desde los sesenta y setenta. Otra posibilidad es que había perdido la capacidad de razonar contra mi deseo de tomar drogas. De todas formas, no pude trabajar en ese estado y decidí tomar mi auto y manejar quién sabe a dónde. Estoy seguro de que iba manejando muy mal. Durante mi viaje de hongos escuché dentro de mí una voz que me dijo que debía pedir más por mi trabajo porque me lo merecía. Es interesante que cuando andamos en viajes psicodélicos nuestro ser pide más y más para nosotros mismos; más placer y menos sufrimiento.

Pasé por la esquina de La Ciénega y Beverly Blvd. frente a la tienda Rexal Drugs, la cual es una de las tiendas más grandes de drogas del mundo. Lo que no sabía es que cuarenta años antes Humphry Osmond y Aldous Huxley estuvieron en el mismo local experimentando con el mismo tipo de drogas. Fue desde esa misma área que Huxley relató sus experiencias para el libro Las puertas de la percepción. De hecho, Huxley fue inspirado por unas palabras del libro

---

2. Mónica Porporatto, «Entusiasmo», Qué significado, https://quesignificado.com/entusiasmo/, consultado el 29 de Enero de 2021.

El Verdadero Éxtasis

de William Blake, *El matrimonio entre el cielo y el infierno* donde Blake escribió acerca de las puertas de la percepción y la separación del estado temporal y el estado infinito.

Déjame decirte con toda libertad que durante los años que consumí estas drogas y experimenté con ellas nunca encontré una puerta hacia el paraíso, el Edén o el séptimo cielo. Tampoco conozco ningún amigo o persona cercana en mis círculos sociales que lo hayan encontrado. Solamente conozco personas, quienes al igual que yo, encontraron adicciones a las drogas, el sexo, y la pornografía. Encontraron trastornos emocionales y enfermedades mentales y físicas que todavía les causan problemas en su familia o en su matrimonio, y algunos encontraron incluso la cárcel o la muerte. Pude ver cómo la vida de muchos quedó destruida porque todos íbamos caminando en una senda que lleva a la puerta de la completa perdición.

9
La fórmula

La Biblia declara la fórmula para salir de la perdición cuando habla en el libro de los Hechos 4:11-12 (RVR) acerca de la piedra angular.

Este Jesús es la piedra desechada por vosotros los constructores, la cual ha venido a ser piedra angular. Y en ningún otro hay salvación; porque no hay otro nombre bajo el cielo, dado a los hombres, en que podamos ser salvos.

También ha sido declarada la manera o forma de entrar al cielo y obtener vida eterna en el libro de Hebreos 10:19-22 (RVR) donde dice estas palabras:

Así que, hermanos, teniendo entera libertad para entrar en el Lugar Santo por la sangre de Jesucristo, por el camino nuevo y vivo que él abrió para nosotros a través del velo, esto es, de su carne, y teniendo un gran sacerdote sobre la casa de Dios, acerquémonos con corazón sincero, en plena certidumbre de fe, teniendo los corazones purificados de mala conciencia, y los cuerpos lavados con agua pura.

Qué bendición y buenas nuevas que Dios, el Padre de la creación humana, desde antes de la fundación del mundo preparó una puerta de salvación en forma de piedra, un camino nuevo y vivo, para que no cayéramos todos en la muerte eterna. La historia relata que Huxley murió el mismo día que C. S. Lewis, el autor británico de libros cristianos y *Las Crónicas de Narnia*. También fue el día cuando el presidente de los Estados Unidos, J. F. Kennedy, fue asesinado. Huxley estaba enfermo y unas horas antes de la noche de su muerte le pidió a su esposa que lo inyectara con dos dosis de LSD. Huxley murió bajo la influencia del LSD.

Jesús es la puerta

C. S. Lewis al igual que yo encontró la puerta de la salvación. En el Evangelio de Juan, Jesús dijo:

Yo soy la puerta; el que por mí entrare, será salvo; y entrará, y saldrá, y hallará pastos.
JUAN 10:9

En 1991 el renegado grupo de DJ de Inglaterra, Wicked, llegó a San Francisco y trajeron con ellos la cultura hedonista envuelta en un pesebre de música *techno* alimentada por LSD y delirios paganos. El grupo encontró un lugar donde las bandas psicodélicas de los sesenta tuvieron su nacimiento y rápidamente se establecieron como el nuevo movimiento de música *acid house* y techno. Jenö, Thomas, Markie y Garth iniciaron sus eventos en las playas de la bahía de San Francisco y se hicieron tristemente célebres por sus fiestas ilegales todo-se-vale y sus festivales de luna llena.

Durante sus eventos, las drogas LSD y XTC acompañaron la cultura hedonista que el grupo practicaba en Inglaterra y que sus nuevos aficionados de la ciudad de San Fran también tenían por costumbre. El hedonismo no es nuevo, más bien es una filosofía que tanto griegos, babilonios y egipcios practicaban desde la antigüedad.

Hedonismo
sustantivo masculino
1. Doctrina ética que identifica el bien con el placer, especialmente con el placer sensorial e inmediato. Ejemplo: «El principal representante del hedonismo es Aristipo de Cirene (siglo IV a. C.)».
2. Tendencia a la búsqueda del placer y el bienestar en todos los ámbitos de la vida. Ejemplo: «Las ilustraciones son una muestra de la literatura galante, del libertinaje, desvergüenza y hedonismo, que dominaron en el reinado de Luis XV».

El hedonismo es una doctrina o teoría moral que persigue como bien último el placer para darle sentido a la existencia. Como corriente filosófica, el hedonismo busca la felicidad a través de la supresión del dolor y concibe al placer como el valor más preciado. De origen griego, la palabra se compone de *hedone* (placer) y del sufijo '-ismo', que significa 'doctrina'.

Formulada en la antigua Grecia en el siglo IV antes de Cristo, la teoría del hedonismo tiene en el filósofo Aristipo de Cirene a su máximo representante, conocido como el «padre del hedonismo». Aristipo, quien fue discípulo de Sócrates, efectuó una distinción del alma humana desde dos perspectivas:

1. La perspectiva del placer del alma, a partir de sus suaves movimientos.

2. La perspectiva del dolor del alma, a través de sus movimientos ásperos.

Esta distinción le permitió concluir que el objetivo del placer es disminuir el dolor, reconociéndose como el único camino para alcanzar la felicidad. Para Aristipo, solo el placer del cuerpo que nos proporcionan los sentidos es el que le da sentido a la vida.[1]

Los eventos de Wicked que empezaron en las playas y luego continuaron en bodegas en diferentes lugares de la ciudad de San Fran, las cuales también fueron llevadas a las grandes ciudades como Los Ángeles, eran fiestas hedónicas de música electrónica y artes desviados. Las autoridades de la ciudad trataron de detener el movimiento, pero la juventud de California tenía hambre de placeres ilícitos y actos prohibidos por la moral.

---

1. Mónica Porporatto, «Hedonismo», Qué significado, https://quesignificado.com/hedonismo/, consultado el 1 de Febrero de 2021.

10
Diseñados para adorar a Dios

Dios hizo todo hermoso en su momento, y puso en la mente humana el sentido del tiempo, aun cuando el hombre no alcanza a comprender la obra que Dios realiza de principio a fin.
ECLESIASTÉS 3:11, NVI

El pastor y evangelista Greg Laurie dice que la diferencia entre la humanidad y los animales es que los animales no adoran. Dentro de nosotros hay un sentimiento eterno de que existe algo más que nos anima a adorar. Si nosotros no adoramos a Dios, terminamos adorando alguna otra cosa. Greg nos imparte sus pensamientos acerca de cómo los versículos siguientes nos muestran los pasos cuesta abajo que ocurren cuando no adoramos al Dios verdadero.

Porque desde la creación del mundo las cualidades invisibles de Dios, es decir, su eterno poder y su naturaleza divina, se perciben claramente a través de lo que él creó, de modo que

nadie tiene excusa. A pesar de haber conocido a Dios, no lo glorificaron como a Dios ni le dieron gracias, sino que se extraviaron en sus inútiles razonamientos, y se les oscureció su insensato corazón. Aunque afirmaban ser sabios, se volvieron necios y cambiaron la gloria del Dios inmortal por imágenes que eran réplicas del hombre mortal, de las aves, de los cuadrúpedos y de los reptiles.
ROMANOS 1:20-23, NVI

Cuando no reconocemos que existe un Dios verdadero no le damos importancia a sus enseñanzas o a su llamado a servirlo en adoración. Además, tampoco le damos gracias por lo que nos ha provisto en el mundo natural. Terminamos adorando cualquier otra cosa que pensamos nos ayuda a escapar de los problemas diarios.

Yo creo que por eso muchos terminamos adorando el cuerpo humano, sea el nuestro o del sexo opuesto. Otros adoramos la música y a sus intérpretes, y aun otros adoramos las artes y las filosofías.

Esto me recuerda la historia del becerro de oro que el pueblo de Israel se dispuso a adorar en medio del desierto cuando su líder Moisés se encontraba ausente porque estaba en la presencia de Dios. Veamos lo que relata Moisés en el libro de Éxodo capitulo 32:

Cuando los israelitas vieron que Moisés tardaba tanto en bajar del monte, se juntaron alrededor de Aarón y le dijeron:

—Vamos, haznos dioses que puedan guiarnos. No sabemos qué le sucedió a ese tipo, Moisés, el que nos trajo aquí desde la tierra de Egipto.
Aarón les respondió:
—Quítenles a sus esposas, hijos e hijas los aretes de oro que llevan en las orejas y tráiganmelos.
Todos se quitaron los aretes que llevaban en las orejas y se los llevaron a Aarón. Entonces Aarón tomó el oro, lo fundió y lo moldeó hasta darle la forma de un becerro. Cuando los israelitas vieron el becerro de oro, exclamaron: «¡Oh Israel, estos son los dioses que te sacaron de la tierra de Egipto!».
Al ver Aarón el entusiasmo del pueblo edificó un altar frente al becerro. Luego anunció: «¡Mañana celebraremos un festival al Señor!».
Temprano a la mañana siguiente, el pueblo se levantó para sacrificar ofrendas quemadas y ofrendas de paz. Después, todos celebraron con abundante comida y bebida, y se entregaron a diversiones paganas.
ÉXODO 32:1-6, NTV

Nosotros creemos que porque hemos avanzado en ciencia y tecnología somos más sabios que las civilizaciones antiguas. La verdad es que la ciencia y la tecnología nos ayudan de muchas maneras, pero para vivir sanamente en una sociedad necesitamos la sabiduría de Dios. Cuando no tenemos comunión con Dios entonces no le conocemos por falta de revelación y de la instrucción de su Espíritu y nos imaginamos otros dioses sin vida alguna a los cuales adoramos y seguimos ciegamente.

El Verdadero Éxtasis

El pueblo de Israel al no esperar a Moisés se entregó a un becerro hecho por sus manos y a todo deseo pecaminoso que se le vino en mente y se corrompió.

Por eso Dios los entregó a los malos deseos de sus corazones, que conducen a la impureza sexual, de modo que degradaron sus cuerpos los unos con los otros. Cambiaron la verdad de Dios por la mentira, adorando y sirviendo a los seres creados antes que al Creador, quien es bendito por siempre. Amén.
ROMANOS 1:24-25, NVI

No sé cómo empezó el ritual de adoración a los DJ y los sistemas de sonido, pero fue un fenómeno difícil de comprender. Los promotores de *raves* durante lunas nuevas o luna llenas dedicaban altares de orígenes paganos del oriente o altares originalmente levantados por los pueblos nativos de los EE. UU. para pedir una buena experiencia espiritual durante los viajes inspirados por las drogas. También se levantaban para definir el *ethos*: el carácter y las creencias de los eventos y la influencia de la música y la energía del ambiente.

Como consecuencia, los *raves* en las bodegas de las ciudades industriales eran en parte convertidos en templos babilónicos, egipcios o algún otro templo de origen primitivo. Repentinamente, la multitud se volteaba hacia las murallas de bocinas danzando de manera hipnótica y ritualista. Todos se agolpaban frente a los altavoces de subgraves para sentir la vibración de los parlantes como si trataran de unirse a las ondas de sonido. Este fenómeno se repetía cada fin de semana en diferentes raves de las ciudades de California.

Guías de viaje

En la subcultura de los *raves* los guías de viaje son los disc jockeys o DJ y su deseo es mover a las multitudes y alcanzar experiencias de trance por medio de la música. Los *raves* se convirtieron en un fenómeno significativo de la cultura juvenil. Los grupos académicos posmodernos todavía no entienden la relación entre la música y el trance. Gilbert Rouget autor francés del libro *Music and Trance: The story of the relations between music and possession* [Música y trance: la historia de las relaciones entre la música y la posesión], condujo un profundo estudio entre la relación de los rituales de música y el trance. Rouget concluye que no hay ninguna ley universal que explique la relación entre la música y el trance. Todas son diferentes y dependen del sistema y el contexto de las creencias culturales.

En la subcultura de los *raves* es cierto que la música conduce a diferentes estados emocionales y mentales, pero el DJ en un rave quiere llevar más lejos al público. Como si quisiera romper una muralla invisible o un parámetro sensorial.

Quieren llevar a la gente a la transformación de su estado mental, llamado 'estado alterado de consciencia', por medio del ritmo hipnótico y ritual.

En una ocasión mientras mezclaba música en las montañas en el frío de la noche se me acercó un joven después de terminar mi set y me dijo: «Me has llevado a un lugar donde nunca había estado». Estoy seguro de que el joven, al igual que muchos en la fiesta estaba bajo la influencia de drogas. Como DJ, tal vez fui un poco inocente en el entendimiento del propósito que muchos DJ buscan. Para mí, hacer bailar a la gente y verlos disfrutar mi set era suficiente, y esa noche no fue distinto. Solamente recuerdo el frío que sentía en las manos al mezclar la música y cómo los jóvenes bailaban alrededor de las fogatas. En ningún momento pensé llevar a alguien a otro lugar espiritual. Esa noche entendí que muchos DJ tienen la comisión de llevar a la multitud a lugares profundamente sensuales.

Definitivamente, las drogas son los canales que transportan a las multitudes a diferentes lugares de satisfacción sensorial. Por eso muchos músicos, DJ y artistas no funcionan sin el consumo de drogas. Ellos son las estrellas predestinadas y dispuestas que guían a los seguidores a los lugares deseados y puntos culminantes.

El engaño es que nunca llegan y tienen que seguir buscando el camino para algún día encontrar el clímax.

Sacrificios vivos

Antes de Twitter ya existían los *followers* o los seguidores de personas populares como los artistas de música. En una ocasión, Marilyn Monroe dijo: «Si soy una estrella es porque las personas me hicieron estrella». Todas las estrellas, ya sean solistas o grupos, tienen sus seguidores. A veces los seguidores que andan buscando diversión o aventura terminan encontrando algo verdaderamente inesperado; algunos encuentran la muerte.

De acuerdo con las declaraciones de Garth (uno de los DJ de Wicked) en una entrevista con la revista *Vice* durante el tercer aniversario de los festivales de luna llena, un joven drogado con LSD pensó que era Jesucristo y se lanzó en medio de la fogata en la playa cerca de Santa Cruz, California. Garth cuenta que las autoridades tuvieron que detener el tráfico de la autopista para que el helicóptero con los paramédicos pudiera descender.

Garth continuó diciendo que la fiesta no se detuvo y terminó hasta la tarde del día siguiente, y que los *fans* que vinieron de muchos lugares vieron seres extraterrestres. Además, dice que fue uno de los días de gloria del grupo Wicked. Claro que lo que vieron fue el helicóptero, a los paramédicos y a la policía, pero cuando la juventud está drogada la percepción es diferente.

Cuando yo tuve convulsiones por causa de la sobredosis de XTC (MDMA) hubiera muerto o terminado con el cerebro dañado. Por la gracia de Dios estoy vivo, pero varios jóvenes de bachillerato o universitarios no sobrevivieron a las sobredosis. La siguiente es una lista de los jóvenes que murieron en un rave o después de un rave por consumir XTC o drogas similares. Esta lista fue realizada por el periódico *Los Angeles Times*.[1]

---

1. Rong-Gong Lin Ii, Matt Hamilton, «These are the stories of 29 rave-goers who died of drug-related causes» [Estas son las historias de 29 ravers que murieron de causas relacionadas con las drogas], Los Angeles Times, 5 de julio de 2017, https://www.latimes.com/local/california/la-me-rave-deaths-snap-htmlstory.html, consultado el 12 de Febrero de 2021.

Nombre	Edad	Ciudad de origen	Evento
Joshua Johnson	18 años	El Cajón, CA	Nocturnal Wonderland
Michelle Lee	20 años	UC Irvine, CA	Monster Massive
William On	23 años	Monterey Park, CA	Together as One
Michael Nquyen	23 años	Anaheim, CA	Monster Massive
John Cramer	23 años	Canoga Park, CA	Nocturnal Festival
Daniel Cyriaco	24 años	Los Ángeles, CA	Together as One
Joshua Johnson	18 años	El Cajón, CA	Nocturnal Wonderland
Michelle Lee	20 años	UC Irvine, CA	Monster Massive
William On	23 años	Monterey Park, CA	Together as One
Michael Nquyen	23 años	Anaheim, CA	Monster Massive

Nombre	Edad	Ciudad de origen	Evento
Jesse Morales	22 años	Garden City	Electric Daisy Festival
Sasha Rodriguez	15 años	Los Ángeles, CA	Electric Daisy Carnival
Andrew Graf	19 años	Argyle, TX	Electric Daisy Carnival
Gregory Fitcher	32 años	Hope, AR	Nocturnal Wonderland
Michael Benway	37 años	East Haven	Electric Forest
Joseph Bud Norris	21 años	Michigan	Electric Forest
Arrel Cochon	22 años	Devore	Nocturnal Wonderland
Montgomery Tsang	24 años	San Leandro, CA	Electric Daisy Carnival
Anthony Anaya	25 años	Everett, WA	Electric Daisy Carnival
Brian Alan Brockette	20 años	Michigan	Electric Forest
Emily Tran	19 años		Hard Summer Music
John Joang Ding Vo	22 años	San Diego, CA	Beyond Wonderland
Nicholas Tom	24 años	San Francisco, CA	Electric Daisy Carnival
Katie Dix	19 años	Camarillo	Hard Summer Music

El Verdadero Éxtasis

Nombre	Edad	Ciudad de origen	Evento
Tracy Nguyen	18 años	West Covina, CA	Hard Summer Music
Kenani Kaimuloa	20 años	Oceanside	Electric Daisy Carnival
Michael Stephenson	22 años	Lansing	Electric Forest
Joshua Johnson	18 años	El Cajón, CA	Nocturnal Wonderland
Michelle Lee	20 años	UC Irvine, CA	Monster Massive
William On	23 años	Monterey Park, CA	Together as One
Michael Nguyen	23 años	Anaheim, CA	Monster Massive
Alyssa Dominguez	21 años	San Diego, CA	Hard Summer Music
Derek Lee	22 años	San Francisco, CA	Hard Summer Music
Roxanne Ngo	22 años	Chino Hills	Hard Summer Music

Delirios paranoicos

Olivier Hennessy de treinta y un años residente de Ponce, Florida, y Kyle Haigis de veintidós años, residente de Sherman, Texas, murieron atropellados por camiones cuando caminaban bajo la influencia de drogas psicodélicas y experimentaron delirios paranoicos después de asistir al evento Electric Daisy Carnival. Emily McCaughan, de veintidós años, de Scottsdale, Arizona, se lanzó por la ventana de su hotel después de asistir al evento Electric Daisy Carnival y experimentar delirios paranoicos. Emily empezó a sentir que la estaban siguiendo bajo el efecto de XTC y, asustada, pidió regresar al Circus Circus de Las Vegas. Sus amigas relatan que Emily puso mensajes en Facebook que decían que estaba en peligro e intentó esconderse en la habitación del hotel. Emily se lanzó de la ventana del piso 27 y cayó en el techo del tercer nivel. Las autoridades la encontraron muerta.[2]

Un delirio paranoico es una idea o creencia falsa, a veces originada por una interpretación errónea de una situación. Por ejemplo, cuando las personas que consumen drogas alucinógenas experimentan un delirio piensan que sus amigos les están robando o que la policía los está siguiendo. Los delirios paranoicos que experimentó mi primo cuando veía personas en el espejo del baño, le causaron un terrible temor. Tenía tanto miedo que no podía dormir porque pensaba que lo iban a matar durante la noche. Días después de haber consumido XTC todavía tenía temor porque el temor se quedó dentro de su mente.

Las alucinaciones que provienen del consumo de drogas son unas percepciones en las que la persona escucha, ve o siente cosas que se originan en el interior de su propio cerebro y que, aunque las vive como si fueran reales, no lo son. En mi opinión estas experiencias pueden dejar marcada la vida como recuerdos falsos y establecer creencias que la persona sostiene firmemente. Las drogas tienen la capacidad de cambiar la manera de pensar de forma permanente.

---

2. Rong-Gong Lin Ii, Matt Hamilton, «These are the stories of 29 rave-goers who died of drug-related causes»…

El Verdadero Éxtasis

11
Jesús la estrella de gloria

Yo creo que tanto las estrellas celestiales como también las humanas tienen el propósito de servir de guías. Por eso, la Biblia dice desde el principio que Dios creó las estrellas para que sirvan como señales.

Y dijo Dios: «¡Que haya luces en el firmamento que separen el día de la noche; que sirvan como señales de las estaciones, de los días y de los años, y que brillen en el firmamento para iluminar la tierra!».
GÉNESIS 1:14-15, NVI

Además, nos da la promesa en las últimas páginas de la Biblia donde nos dice que Jesús el Cordero de Dios es nuestra lumbrera (estrella) y también la estrella de la mañana.

La ciudad no necesita ni sol ni luna que la alumbren, porque la gloria de Dios la ilumina, y el Cordero es su lumbrera.
APOCALIPSIS 21:23, NVI

El Verdadero Éxtasis

Yo, Jesús, he enviado a mi ángel para darles a ustedes testimonio de estas cosas que conciernen a las iglesias. Yo soy la raíz y la descendencia de David, la brillante estrella de la mañana.
APOCALIPSIS 22:16, NVI

Muchas veces tenemos estrellas impostoras que en vez de guiarnos a la vida nos guían a la muerte. Por eso la Biblia habla acerca de impostores (Satanás) disfrazados de luz.

Y no es de extrañar, ya que Satanás mismo se disfraza de ángel de luz.
2 CORINTIOS 11:14, NVI

Dios creó la luz que llegó a existir en el mundo físico con solamente proclamar unas simples palabras.

Y dijo Dios: «¡Que exista la luz!». Y la luz llegó a existir. Dios consideró que la luz era buena y la separó de las tinieblas.
GÉNESIS 1:3-4, NVI

De igual manera Dios crea la luz espiritual en nuestros corazones con tan solo proclamar unas simples palabras.

Una vez más Jesús se dirigió a la gente, y les dijo:
—Yo soy la luz del mundo. El que me sigue no andará en tinieblas, sino que tendrá la luz de la vida.
JUAN 8:12, NVI

Los impostores como Satanás se disfrazan de luz cuando prometen paz, amor y unidad. En el mundo de los raves hay una gran cantidad de *anthems* o himnos que prometen amor, paz, unidad, sinergia y más, así como llevarte a la tierra prometida donde ángeles ascienden y descienden. No tengo nada en contra del mensaje de los himnos de la música *house*, pues fue ese mensaje el que me atrajo a la cultura y a la comunidad de la música *house*. Pero el problema es que quieren alcanzar los frutos del Espíritu de Dios sin incluir a Dios el Padre, el Hijo, y el Espíritu Santo.

Nosotros somos seres humanos fácilmente atraídos a la luz. Los impostores se disfrazan por medio de decir palabras agradables para atraernos a ellos. Por eso digo que varios de los ángeles mensajeros de los *raves* son impostores disfrazados de luz. Algunos son promotores de drogas o simplemente promotores de pecado. ¿Cómo podemos discernir entre los mensajeros buenos y los malos mensajeros?

Necesitamos sabiduría y entendimiento, los cuales también son dones del Espíritu Santo de Dios que vienen a reposar sobre nosotros al igual que vinieron sobre Jesús. Mira lo que dice esta profecía proclamada por Isaías:

El Espíritu del Señor reposará sobre él: espíritu de sabiduría y de entendimiento, espíritu de consejo y de poder, espíritu de conocimiento y de temor del Señor.
ISAÍAS 11:2, NVI

Las palabras de Dios en la Biblia son las que nos ayudan a discernir entre el bien y el mal para que no seamos engañados por diferentes mensajes. En el libro de los Salmos encontramos estas sabias palabras:

Tu palabra es una lámpara a mis pies; es una luz en mi sendero.
SALMOS 119:105, NVI

La exposición de tus palabras nos da luz, y da entendimiento
al sencillo.
SALMOS 119:130, NVI

Disturbios en la ciudad y ravers en el desierto

A finales de Abril de 1992 ocurrieron los grandes disturbios y manifestaciones en Los Ángeles. Miles de personas explotaron emocionalmente y salieron a protestar en las calles, los bulevares y avenidas de las comunidades en el centro sur. La gran cantidad de problemas sociales que eran evidentes dentro de la gran ciudad fueron la verdadera causa de los disturbios. La sobrepoblación, el desempleo, las tensiones raciales, las pandillas violentas y los cambios demográficos son solo unos ejemplos de los sufrimientos en la ciudad. Aunque el incidente que prendió la mecha fue el veredicto en el juicio de los oficiales que golpearon violentamente a Rodney King.

Durante los disturbios, incendios y saqueo de tiendas, las autoridades llamaron a la guardia nacional y declararon toque de queda. Muchos de los jóvenes que yo conocía saquearon tiendas de equipos de sonido. Esos componentes de sonido llegaron a ser parte del movimiento de música electrónica y cultura de los *raves*.

En medio de todo el caos, incendios y locuras no había nada que pudiera detener este movimiento. Uno de los grupos promotores decidió mover el *rave* a Indio California, cien millas al este de Los Ángeles en lo profundo del desierto de Coachella.

Linda Mour reportera del noticiero *LA News* del canal ABC 7 en su exclusiva investigación «Underground Rave Expose» [Exposición de los *rave* clandestinos] en mayo de 1992 se infiltró en uno de estos *raves* en el desierto que ocurrió durante los disturbios del 92. Durante su investigación, Mour pudo descubrir el sistema de comunicación entre promotores y *ravers*, el sistema de venta de entradas y el sistema de distribución de instrucciones y mapas para llegar a los eventos.

El equipo de Mour también pudo grabar con su cámara secreta a algunas personas que ofrecían drogas como XTC y LSD y también a jóvenes que vendían globos con óxido nitroso, comúnmente conocido como gas hilarante, en el estacionamiento del evento. Estas drogas tienen la fama de ser llamadas sensoriales porque aumentan los sentimientos de euforia.

En su intento por escapar de los disturbios de la ciudad para buscar diversión, aventura y distracción, miles de jóvenes buscaban la manera de llegar a la caída de la noche a lugares preparados como estaciones de utopía y regresar a mediados del día posterior. Pero muchos de ellos no tuvieron la experiencia que buscaban. Más bien quedaron marcados por experiencias desagradables de trauma, decepción y dolor.

Los raves y la atracción de las drogas

Durante los años de la erupción de los *raves* en Los Ángeles fui testigo de diferentes episodios desagradables causados por las drogas que corrían como ríos de agua entre la multitud de jóvenes involucrados en la cultura de los *underground raves*. Episodios como cuando un joven drogado no sabía con quién había llegado a la fiesta o cómo se iba regresar a su casa al terminar. Al amanecer de la mañana siguiente pidió que lo lleváramos con nosotros porque era el único que quedaba en el lugar. Pero nosotros no lo conocíamos y no quisimos responsabilizarnos de él y, por lo tanto, lo dejamos solo y drogado.

Jesús nos aconseja en la Biblia con palabras muy sabias al decirnos en el libro de Lucas 21:34-35 (NVI):

Tengan cuidado, no sea que se les endurezca el corazón por el vicio, la embriaguez y las preocupaciones de esta vida. De otra manera, aquel día caerá de improviso sobre ustedes, pues vendrá como una trampa sobre todos los habitantes de la tierra.

Muchas veces la vida se convierte en una serie de trampas que vienen en contra de nuestra alma. Por eso tenemos que cuidar nuestro caminar diario. Los episodios por los que pasé y de los que fui testigo me dieron una perspectiva del mundo oscuro, desordenado y vacío, y la consecuencia fue que mi corazón se endureció.

Debemos escuchar los consejos y proverbios de la Biblia que están escritos para que no tengamos que pasar por los sufrimientos causados por una vida desordenada. Miremos lo que dice este proverbio y lo que nos dice Pablo en Tesalonicenses.

El vino lleva a la insolencia, y la bebida embriagante al escándalo; ¡nadie bajo sus efectos se comporta sabiamente!
PROVERBIOS 20:1, NVI

Pues los que duermen, de noche duermen, y los que se embriagan, de noche se embriagan.
1 TESALONICENSES 5:7

Muchos de nosotros que vivíamos la vida sin tomar el tiempo para pensar si lo que hacíamos traería resultados ofensivos, peligrosos desagradable o mortales quebramos toda clase de recomendaciones sociales, morales y aún legales. Por eso el resultado fue el escándalo. Fue tanto el escándalo que empezó a aparecer en los periódicos, las revistas y los noticiarios de la televisión.

El Verdadero Éxtasis

Muerte por óxido nitroso (gas hilarante)

En una ocasión supimos de un grupo de tres adolescentes que decidieron vender globos de óxido nitroso en un *rave*, pero se quedaron dormidos dentro del auto con la válvula del tanque de óxido nitroso un poco abierta. Estos jóvenes nunca despertaron y fueron descubiertos por la policía muertos dentro del auto. Esto también fue declarado por la reportera Linda Mour del canal ABC 7 en su serie de denuncias de las fiestas ilícitas.

El gas hilarante fue descubierto en 1772 por el científico británico Joseph Priestley. Unos treinta años después, el químico Humphry Davy lo empezó a usar con fines recreativos.

El gas hilarante se ha convertido en los últimos años en una popular droga recreativa. Pero desde su llegada a los raves ha traído graves consecuencias. Los gobiernos y los expertos dicen que comparado con otras drogas el número de muertes por causa de inhalar gas hilarante son bajas, pero la vida de un joven es enormemente valiosa, y no vale la pena arriesgarla por diversión o por unos minutos de euforia. Quienes inhalan la sustancia tienen el riesgo de quedar inconscientes por falta de oxígeno en el cerebro.

Respirar óxido nitroso o gas hilarante puede irritar los ojos, la nariz y la garganta, causando tos o falta de aire. La exposición puede causar sensación de desvanecimiento, mareo y somnolencia. A altos niveles puede causar desmayo, y a niveles muy altos puede causar la muerte.

Los jóvenes que toman estas sustancias están exponiendo su salud a riesgos excepcionales. Los que se benefician de su venta no les importan en absoluto las consecuencias.

Como dije anteriormente, existía una multitud de promotores de *raves* donde se vendían una gran cantidad drogas y un enorme grupo de discípulos que compartían las promesas de lo que las drogas supuestamente producían. Todo esto iba también acompañado por los mensajes grabados en la música, las proyecciones en las pantallas y los famosos volantes producidos gráficamente a todo color. Los promotores enviaban a cientos de jóvenes a distribuir discretamente volantes en los bachilleratos, los cuales contenían las instrucciones para encontrar los *raves* con un sistema tipo búsqueda de tesoros y las palabras o los símbolos del XTC y el LSD, así como píldoras de diferentes colores.

Muerte en la autopista del desierto

Después de una noche entera de fiesta, a unas horas del mediodía, partimos del desierto de Lancaster de regreso a la ciudad de Los Ángeles. En el camino vimos una camioneta al lado de la carretera y un grupo de jóvenes asustados formando un medio círculo. Nos bajamos para ver lo que sucedía y la causa de la conmoción. Nos dimos cuenta de que había un joven con la cabeza partida en una roca al lado de la autopista. El joven estaba muerto. Nos contaron que la camioneta se volcó sin control de modo que el techo de fibra de vidrio se quebró y el joven salió volando y cayó con su cabeza sobre la roca. Nos dimos cuenta de que no podíamos ayudar en nada y, como la ambulancia venía en camino, decidimos continuar con nuestro regreso.

A unos minutos de viaje vimos un coche con unas jóvenes que chocaron con un poste de luz en la misma autopista. Ellas también estaban asustadas, pero sorpresivamente estaban ilesas.

Los accidentes automovilísticos son comunes después de una noche entera de fiesta bajo la influencia del alcohol o las drogas. Un amigo mío perdió a su hermano menor cuando viajaba como pasajero en un auto con un conductor embriagado el cual chocó con tanta fuerza que el joven murió esa noche. En el servicio funeral y en el entierro el dolor de los familiares quedó grabado en mi mente al escuchar los llantos y gritos de sufrimiento que cada uno expresaba por haber perdido a un joven antes de que cumpliera veinte años.

De acuerdo con el Instituto Nacional de Abuso de Drogas conducir bajo el efecto de las drogas significa conducir un vehículo cuando las capacidades del conductor se encuentran disminuidas por los efectos embriagadores del consumo reciente de drogas. Esto causa que sea peligroso conducir un automóvil, tal como ocurre cuando se conduce después de haber bebido alcohol. Conducir bajo la influencia de las drogas pone en grave riesgo al conductor, a los pasajeros y a las demás personas que comparten la carretera.

En mi experiencia con mis amigos o compañeros de fiesta, me di cuenta de que muchos mezclan diferentes clases de drogas o bebidas alcohólicas. Algunas veces usaban drogas para tener más energía y no dormir, y otras veces usaban drogas para calmar ansiedades de problemas personales o traumas. En una ocasión un amigo me dijo que ya nada le hacía efecto porque había probado de todo en una sola noche. En realidad, yo estaba sorprendido de que todavía estuviera de pie y consciente porque cualquier otra persona hubiera muerto por eso.

Peligros de conducir bajo la influencia de las drogas

Es difícil determinar el efecto de cada droga al conducir un vehículo porque las personas tienden a mezclar varias sustancias, entre ellas cocaína, anfetaminas, XTC, LSD y alcohol. Pero lo que sí sabemos es que incluso pequeñas cantidades de algunas drogas pueden tener efectos cuantificables. Como consecuencia, algunos estados tienen leyes de «tolerancia cero» para la conducción bajo el efecto de las drogas. Esto significa que una persona puede enfrentar cargos legales por «manejar bajo la influencia» si se encuentra cualquier cantidad de droga en su sangre u orina. Muchos estados están esperando que las investigaciones sobre los efectos de las drogas recreacionales definan mejor cuáles son los niveles de droga en la sangre que indican que una persona tiene capacidades reducidas para conducir —tal como sucede con el alcohol— antes de promulgar leyes al respecto.

Los efectos que cada droga produce son diferentes, y la forma en que afectan la capacidad para conducir depende de la manera en que la droga actúa en el cerebro. Por ejemplo, la marihuana puede causar que la persona conduzca con torpeza al disminuir la coordinación, el tiempo de reacción y la capacidad para evaluar tiempo y distancia. Los conductores que han consumido cocaína o metanfetamina podrían incrementar la velocidad al conducir en forma agresiva o imprudente. Muchas veces los efectos provocan que las personas hagan cosas absurdas como conducir sin luces en la noche, no ponerse el cinturón de seguridad o simplemente conducir con el parabrisas empañado. Todo esto incrementa las probabilidades de sufrir un accidente que puede causar mucho dolor o la muerte.

De acuerdo con los Centros para el Control y Prevención de Enfermedades cada día mueren veintiocho personas en los Estados Unidos en choques vehiculares en los que manejaba una persona bajo los efectos del alcohol. Esto es una muerte cada cincuenta y uno minutos. El costo anual de los choques relacionados con el alcohol suma más de cuarenta y cuatro mil millones de dólares.

Los tweakers

A mediados de la década de los noventa, los famosos *raves* de las ciudades de California empezaron a disminuir.

La violencia, las drogas, el crimen y los cierres de eventos por el departamento de policía y el cuerpo de bomberos causaron que los *ravers* del condado de Los Ángeles se dispersaran a varios clubes nocturnos en China Town, Little Tokyo, Mid Wilshire, Hollywood, Santa Mónica y el Centro Sur de la ciudad. En clubes como Flammable Liquid, The Groove Pig, Does Your Mama Know y Squetch Pad donde los *tweakers* pasaban el tiempo haciendo cosas ilícitas y sufriendo episodios de psicosis.

Mis compañeros y yo nos dedicamos a proporcionar sonido para algunos de estos clubes nocturnos como Flammable Liquid. Además, comenzamos a proveer el sonido para los primeros eventos de Go Ventures, Mushroom Jazz e incluso los de Insomniac. Esto fue antes de la creación de los gigantescos festivales electrónicos de Electric Daisy Festival y Together as One. Por lo regular empezábamos a la 1:00 a.m. y terminábamos a la 10:00 a.m.

La juventud que empezó tomando XTC, LSD y de todo lo que llaman drogas recreacionales empezó a usar metanfetamina (*meth*), una droga con gran potencia adictiva y aún más peligrosa. A los jóvenes consumidores y adictos a la metanfetamina en los clubes nocturnos les llamábamos *tweakers*.

Transición del éxtasis a la *meth*

Según varios estudios de investigación de la Administración de Control de Drogas, la droga más comúnmente adulterada es el éxtasis (MDMA). Algunas de las razones por las que adulteran la MDMA con otras drogas es para aumentar el viaje, para hacerla más abundante o para incrementar el lucro. Un gran porcentaje del éxtasis que se vende en la calle contiene altas cantidades de adulterantes. Existen más de ochenta substancias que se venden como éxtasis en las calles y algunas no contienen éxtasis en absoluto. Una de las drogas con la que se adultera el éxtasis en altos porcentajes es la metanfetamina. El éxtasis es una droga con un peligroso potencial adictivo, pero adulterada con metanfetamina el potencial incrementa. Esta es la razón por la cual muchos de los jóvenes *ravers* que empezaron a consumir éxtasis después hicieron la transición a metanfetamina. Algunos jóvenes buscaban metanfetamina en los alrededores de los clubes nocturnos.

Algunos de estos clubes nocturnos tenían la apariencia de guaridas de drogas donde los jóvenes consumen líneas de *meth* en los baños o en los callejones. Su misión desde la llegada es consumir suficiente droga para bailar toda la noche sin parar. Pero la *meth* tiende a trastornar a las personas y terminan cometiendo actos violentos e ilícitos. Algunos de los *ravers* veteranos decían que estos clubes eran demasiado extremos aun para ellos. Cuando los jóvenes llegan a la cumbre del viaje de *meth* le llaman tweaking y cuando van bajando le llaman sketching. A partir de esta experiencia nació el club de día llamado Sketchpad donde la juventud continúa bailando todo el día siguiente hasta el lunes.

Tweaker: una persona extremadamente paranoica, general-
mente bajo la influencia de metanfetamina, quién queda
cautivada y es fácilmente distraída por cualquier cosa.

La metanfetamina es un potente estimulante del
sistema nervioso central. Su nombre científico es desoxiefed-
rina y pertenece a la familia de las fenetilaminas. Sus efectos
son más potentes que la anfetamina porque atraviesa muy
fácilmente la barrera hematoencefálica. La presentación más
habitual es en polvo blanco o color hueso, cristalino, inodoro
y de sabor muy amargo. También se puede encontrar en pas-
tillas, cápsulas o cristales grandes.

Los efectos principales de la metanfetamina son la
sensación de energía y euforia con incremento en el nivel de
alerta y rendimiento intelectual, disminución de la necesidad
de dormir y comer y dilatación pupilar.[1]

Según datos de la Encuesta Nacional sobre el Consumo de Drogas y la Salud de 2017 (NSDUH), aproxima-
damente 1,6 millones de personas (el 0,6% de la población)
reportaron haber consumido metanfetamina el año anterior
y 774 000 (el 0,3%) dijeron haberlo hecho el mes anterior.
En 2016, la edad promedio de los nuevos consumidores de
metanfetamina fue de 23,3 años.

Se estima que 964 000 personas de doce años o más
(alrededor del 0,4% de la población) sufrían de un trastorno

---

1. «Speed», Info Drogas, https://www.infodrogas.org/drogas/speed, consultado el 25 de
Febrero de 2021.

por consumo de metanfetamina en 2017 (es decir, reportaron que, a consecuencia del consumo de la droga, sufrieron deterioros de importancia clínica como problemas de salud, discapacidad e inhabilidad para cumplir con sus responsabilidades en el trabajo, la escuela o el hogar). Esta cantidad es sustancialmente mayor que las 684 000 personas que reportaron haber sufrido algún trastorno por consumo de metanfetamina en 2016.[2]

El uso indebido de la metanfetamina en forma prolongada tiene muchas consecuencias negativas, incluida la adicción, que es un trastorno crónico y recurrente caracterizado por la búsqueda y el consumo compulsivo de la droga acompañado de cambios funcionales y moleculares en el cerebro.

Como sucede con muchas drogas, la tolerancia a los efectos placenteros de la metanfetamina ocurre cuando se consume repetidamente. Las personas que consumen metanfetamina en forma indebida a menudo necesitan tomar dosis más altas de la droga, tomarla con más frecuencia o cambiar la forma de consumo para obtener el efecto deseado. Los consumidores crónicos de metanfetamina pueden tener dificultad para sentir cualquier otro placer que no sea el deriva

---

2. NIDA, «Abuso y adicción a la metanfetamina. Reporte de investigación. ¿Qué alcance tiene el uso indebido de la metanfetamina en Estados Unidos?», National Institute on Drug Abuse, 2 de junio de 2020, https://www.drugabuse.gov/es/publicaciones/serie-de-reportes/abuso-y-adiccion-la-metanfetamina/cual-es-el-alcance-del-abuso-de-la-metanfetamina-en-los-est, consultado el 26 de Febrero de 2021.

do de la droga, lo cual intensifica el abuso. La abstinencia de la metanfetamina ocurre cuando un consumidor crónico abandona el consumo. Los síntomas de abstinencia incluyen depresión, ansiedad, fatiga y un deseo intenso de consumir la droga.

La investigación en modelos de primates ha revelado que la metanfetamina altera las estructuras cerebrales que intervienen en la toma de decisiones y afecta la capacidad de suprimir los comportamientos habituales que se han vuelto inútiles o contraproducentes. Los dos efectos estaban correlacionados, lo cual sugiere que el cambio estructural subyace a la disminución de la flexibilidad mental. Estos cambios en la estructura y la función cerebral podrían explicar por qué la adicción a la metanfetamina es tan difícil de tratar y tiene una posibilidad considerable de recaída en las etapas tempranas del tratamiento.

Además de las consecuencias neurológicas y conductuales del uso indebido de la metanfetamina, los consumidores habituales también sufren efectos físicos como adelgazamiento, caries dentales graves, pérdida de dientes («boca de metanfetamina») y llagas en la piel. Los problemas dentales pueden deberse a una combinación de mala nutrición e higiene dental, así como a la sequedad de la boca y el bruxismo o rechinar de los dientes causados por la droga. Las llagas cutáneas son el resultado de rascarse para deshacerse de los insectos que los consumidores de metanfetamina se imaginan que caminan por debajo de la piel[3].

El descenso

Lo que empezó en el verano de 1991 como el «verano del amor» se transformó en una bestia hambrienta que querría devorar a la juventud de Los Ángeles, San Diego y San Francisco. ¿Cómo una cultura con tanto potencial llegó a caer tan bajo? Lo mismo que pasó en Inglaterra a finales de los ochenta también sucedió en California. Las pandillas, las drogas, las muertes por sobredosis y toda clase de crímenes relacionados con las drogas fueron el resultado de un sueño y visión proclamado por falsos profetas. Los famosos promotores que anunciaban tiempos de amor, unidad y paz por medio de fiestas abiertas a drogas psicodélicas engañaron a una generación entera.

La mente deteriorada por el consumo de drogas

Debemos cuidar de nuestra mente todos los días porque es donde organizamos nuestros pensamientos, planeamos nuestra vida y visualizamos nuestro futuro. En nuestra mente soñamos, descubrimos nuevas ciencias y desarrollamos nuestros dones creativos.

---

3. NIDA. «Abuso y adicción a la metanfetamina. Reporte de investigación. ¿Cuáles son los efectos inmediatos (a corto plazo) del consumo indebido de metanfetamina?», National Institute on Drug Abuse, 3 de junio de 2020, https://www.drugabuse.gov/es/publicaciones/serie-de-reportes/abuso-y-adiccion-la-metanfetamina/cuales-son-los-efectos-inmediatos-corto-plazo-del-abuso-de-, consultado el 28 de Febrero de 2021.

Vivir «como a la luz del día» es vivir bajo las revelaciones de Jesucristo provistas por el Espíritu Santo en las páginas de la Biblia.

Vivamos decentemente, como a la luz del día, no en orgías y borracheras, ni en inmoralidad sexual y libertinaje, ni en disensiones y envidias. Más bien, revístanse ustedes del Señor Jesucristo, y no se preocupen por satisfacer los deseos de la naturaleza pecaminosa.
ROMANOS 13:13-14, NVI

Cuando vivimos preocupados por satisfacer los deseos de máximo placer de nuestra naturaleza o mente humanas destruimos nuestro propósito. Las drogas, el alcohol y los vicios destruyen nuestra mente y nos desvían del sendero en la luz del día hacía el camino de la oscuridad y perversión.

El Verdadero Éxtasis

12
La respuesta

Diez años pasó mi madre orando para que yo un día saliera de mi vida mundana y fuera salvado por el mensaje de amor de Jesucristo. Ella vio como mi vida desordenada y mis malos hábitos produjeron un resultado de dolor y sufrimiento. Yo estaba perdido en el mundo de la inmoralidad, el alcohol, las drogas y el sexo libre. Pero mi madre tenía un versículo bíblico que le daba la esperanza de que un día mi vida cambiaría.

Cree en el Señor Jesucristo, y serás salvo, tú y tu casa.
HECHOS 16:31

Ella nunca perdió la fe, y aunque yo caminaba muy cerca de la muerte, sus oraciones al Dios de misericordia y de poder no permitieron que la muerte me tocara. Sin importar la manera en que la muerte atentara contra mi vida, no me pudo tocar. Las oraciones de intercesión que mi mamá levantaba al cielo desataban ángeles y el poder de la mano de Dios para cuidarme.

Recuerdo el enorme gozo que mi madre sintió en su corazón cuando vio la promesa de Dios manifestarse en mi vida. Mi madre me pidió que me quedara a vivir en su apartamento porque sabía que yo me quedaba a dormir en casas de amigos. Necesitaba una vivienda para mí y mi hija de un año y medio de modo que pudiera comprobar que tenía la capacidad de cuidar de ella. Yo estaba en proceso de pedir a la corte familiar la custodia compartida de mi niña, por lo menos para tenerla conmigo tres veces por semana. Si yo no hubiera tenido ese encuentro con Jesucristo es posible que yo hubiera muerto y mi hija Samantha no hubiera experimentado lo que es tener a su padre. Gracias, precioso Jesús, por tu amor y misericordia.

Una nueva temporada

Al comenzar mi semana de trabajo el primer lunes después de mi encuentro con Jesucristo, mi vida empezó a cambiar de maneras muy interesantes. Llegué a las oficinas lleno de expectativa por ver lo que el día me concedería. Mi cuerpo todavía estaba ardiendo con ese fuego que entró en mi corazón el viernes por la noche cuando recibí a Jesús como mi Salvador. Mi vida se sentía diferente, aunque tenía el mismo trabajo, la misma deuda y los mismos problemas. Todavía seguía sin automóvil y mi salario permanecía bajo, pero la diferencia era que ahora yo tenía paz, gozo y esperanza dentro de mí.

Tanto era mi gozo que empecé a compartir el mensaje de la salvación en Jesús, mi precioso Salvador, con mi compañera de trabajo Tania, y la invité a que me acompañara a la próxima reunión de hermanos cristianos. Al escuchar mis palabras atentamente, Tania me miró con una mirada muy confusa en su rostro. Y es que el viernes anterior, al salir del trabajo, y antes de mi encuentro con Cristo, la invité a una fiesta y le dije que podíamos tomar drogas juntos porque tenía suficiente para los dos.

Con frecuencia yo invitaba a Tania a algún *rave* o club nocturno, pero siempre me decía que no podía ir conmigo. En una ocasión la llamé a medianoche para convencerla de que me acompañara a un evento de música electrónica: Wicked de San Francisco estaba en Los Ángeles y yo había sido contratado para poner el sonido en el segundo salón. Tania no podía acompañarme porque era demasiado noche para ella. Por esa razón entendí que ella estaba confundida por mi cambio de vida espontáneo y radical. El viernes en el trabajo la estaba invitando a drogarnos y el lunes siguiente la estaba invitando a una reunión de hermanos en Cristo. Perpleja, se dirigió a mi hermano Douglas quien trabajaba con nosotros y le preguntó: «¿Qué le pasa a tu hermano? El viernes me dijo: "Vámonos de fiesta porque tengo drogas para que las tomemos juntos", y hoy me habla de Jesús y me invita a la iglesia». Mi hermano respondió: «No le hagas caso, está loco». Mi hermano Douglas sabía de mis pecados, y el drástico cambio en mi vida era difícil de explicar. Algunos años antes, Douglas se había apartado de mí y se había enlistado en la infantería de marina (USMC) donde sirvió ocho años. Douglas un día me dijo que una de las razones que lo hicieron enlistarse en la marina fue la desilusión que tuvo cuando me vio metido en las drogas. Un día me visitó en mi apartamento en Hollywood, y estábamos un grupo en medio de una reunión de éxtasis. Al verme en ese estado decidió tomar su camino en el servicio militar.

Desde mi encuentro con Jesucristo el deseo de tomar drogas desapareció, y por el poder de Dios dejé de decir malas palabras. Dios limpió mi vocabulario de manera milagrosa, limpio físicamente mis ojos que habían sufrido un cambio por el uso de las drogas, los cuales se aclararon cuando recibí a Jesús en mi vida y mi rostro fue rejuvenecido por el poder del Espíritu Santo.

Al pasar el tiempo, varias personas que me conocían se dieron cuenta de que ya no era la persona que andaba en fiestas drogándome, haciendo locuras y cosas ilícitas. Comenzaron a preguntarme qué me había pasado porque me veía diferente. Definitivamente empezó una nueva temporada en mi vida, un nuevo principio y una nueva época. Ahora me gozo y camino con el Señor Jesucristo.

Si alguno tiene sed, venga a mí y beba.
JUAN 7:37

Los primeros días de mi vida en Cristo los pasaba leyendo la Biblia. Tenía un deseo insaciable de conocer más acerca de Jesús. Yo estaba sediento y Jesús era mi fuente de agua de vida. Les conté a mis amigos que tuve un encuentro con Cristo y que ellos también podían conocerlo, pero no me entendieron y se alejaron de mí. Lo cual no fue un problema para mí porque ahora tendría tiempo para hablar con Dios y aprender de su sabiduría.

En tan solo un año leí toda la Biblia. Pasé horas enteras después de mi trabajo leyendo y meditando en los libros de las Escrituras. Me puse a pensar en cuántas veces me habían hablado de Jesús antes, pero no comprendía lo que decían y en cuántas veces abrí la Biblia para leerla y no la entendí. Pero ahora era como si me hubieran prendido la luz y comenzará a entender un poco.

Con el tiempo, al compartir diariamente lo que aprendía de la Biblia con mi amiga Tania pude ver como Dios tocó su corazón y la atrajo con ese amor que solamente él puede dar. El Espíritu Santo provocó un deseo en su corazón de buscar la salvación por su propia cuenta.

Tania era una joven de dieciocho años que pudo comprender a su temprana edad que necesitaba ser salva para tener una vida de paz con Dios. Es increíble como Tania fue perseguida por el amor de Dios por medio de una joven que le compartía las palabras de Jesús cuando la llevaba a casa después del trabajo en una tienda comercial en el Beverly Center. Y, por si fuera poco, una noche mientras dormía, Dios le dio un sueño y una visión en la cual pudo ver la frase:

«Lee la Biblia», escrita sobre unas nubes. Esa misma noche se levantó y buscó una Biblia que había en casa y la comenzó a leer. Después de un par de días se empezó a reunir con nosotros y al poco tiempo entregó su corazón a Jesús.

Al pasar los meses, también sus dos hermanos menores le dieron su vida a Cristo, y un tiempo después su mamá y su papá también tuvieron su encuentro con Jesús el Creador de todo el universo. Varias personas también se acercaron a Jesús buscando el perdón de sus pecados y la vida abundante. Tanto Tania como su mamá compartían las palabras de Jesús con las personas que encontraban en su camino y los invitaban a reunirse con nosotros.

Bautizados por el Espíritu Santo

En la primavera de 1997, en el Centro de Convenciones de Los Ángeles, se celebró la fiesta de Pentecostés. Alrededor de veinte mil personas se reunieron para celebrar esta hermosa fiesta. Fue la primera vez que Tania y yo nos reunimos con tal cantidad de creyentes. En la última prédica de la convención hablaron del bautismo en el Espíritu Santo y al pasar un grupo de música a ministrar en alabanza a Dios el predicador empezó a declarar que todos nosotros podíamos recibir las lenguas espirituales. En medio de la alabanza caí al piso hablando en lenguas y me sobrevino un trance completo. Experimenté, al igual que la mayoría de la multitud, un extraordinario y verdadero éxtasis. Muchos cayeron al piso hablando en lenguas espirituales y todos estábamos embriagados en el Espíritu Santo. Tania también cayó al piso sobre mi brazo derecho embriagada en el Espíritu y hablando en lenguas.

Durante el tiempo que pasamos en el piso embriagados y hablando en lenguas escuché al grupo de música cantar la misma frase en una progresión musical: «Bienvenido Pentecostés, bienvenido Pentecostés, bienvenido Pentecostés, bienvenido Pentecostés, bienvenido Pentecostés».

Esta frase nunca se me olvidará, pues fue la frase que Dios usó para bautizar en el Espíritu a toda la multitud de creyentes que estábamos allí para celebrar la venida del Espíritu Santo sobre la iglesia de Cristo.

Al terminar la convención Tania no podía caminar sola y tuve que llamar a nuestro pastor para que me ayudara a llevarla a su casa.

Desde ese día, Dios continuó incrementando nuestro don de lenguas para orar, cantar y declarar palabras de Dios.

¿Qué es el bautismo en el Espíritu Santo?

Una de las declaraciones de Juan el Bautista en la Biblia fue que a pesar de que él bautizaba con agua para arrepentimiento, venía alguien después de él que bautizaría con el Espíritu Santo. Jesús es quien bautiza con el Espíritu Santo.

Yo los bautizo a ustedes con agua para que se arrepientan.
Pero el que viene después de mí es más poderoso que yo, y ni
siquiera merezco llevarle las sandalias. Él los bautizará con el
Espíritu Santo y con fuego.
MATEO 3:11, NVI

Jesús les presentó el Espíritu Santo a sus discípulos después de resucitar, cuando se les apareció en una casa donde estaban reunidos, y les dijo que recibieran su Espíritu. Veamos el pasaje en Juan 20:19-23 (RVR1995):

> Cuando llegó la noche de aquel mismo día, el primero de la semana, estando las puertas cerradas en el lugar donde los discípulos estaban reunidos por miedo de los judíos, llegó Jesús y, puesto en medio, les dijo:
> —¡Paz a vosotros!
> Dicho esto, les mostró las manos y el costado. Y los discípulos se regocijaron viendo al Señor. Entonces Jesús les dijo otra vez:
> —¡Paz a vosotros! Como me envió el Padre, así también yo os envío.
> Y al decir esto, sopló y les dijo:
> —Recibid el Espíritu Santo. A quienes perdonéis los pecados, les serán perdonados, y a quienes se los retengan, les serán retenidos.

Unos días después, Jesús les ordenó a sus discípulos que esperaran en Jerusalén la promesa de Dios el Padre, que es el Espíritu Santo. De esta manera ellos oraron durante varios días para que la promesa del Padre viniera sobre ellos con el fin de recibir poder para ser testigos de las maravillas de Dios al resto del mundo.

Y estando juntos, les mandó que no se fueran de Jerusalén, sino que esperasen la promesa del Padre, la cual, les dijo, oísteis de mí. Porque Juan ciertamente bautizó con agua, mas vosotros seréis bautizados con el Espíritu Santo dentro de no muchos días. Entonces los que se habían reunido le preguntaron, diciendo: Señor, ¿restaurarás el reino a Israel en este tiempo?
Y les dijo: No os toca a vosotros saber los tiempos o las sazones, que el Padre puso en su sola potestad; pero recibiréis poder, cuando haya venido sobre vosotros el Espíritu Santo, y me seréis testigos en Jerusalén, en toda Judea, en Samaria, y hasta lo último de la tierra.
HECHOS 1:4-8

El día de Pentecostés

Es increíble que nosotros podamos experimentar lo mismo que experimentaron los discípulos en el día de Pentecostés. La venida del Espíritu Santo no sucedió solo en una ocasión, sino que sucede cada vez que desciende sobre las personas para darles el poder de ser testigos de las maravillas de Dios. Este momento se ha venido repitiendo de generación en generación, y esperamos que un día se manifieste sobre todo ser viviente. Veamos lo que sucedió en el primer Pentecostés en el segundo capítulo del libro de los Hechos de los Apóstoles:

Cuando llegó el día de Pentecostés, estaban todos juntos en el mismo lugar. De repente, vino del cielo un ruido como el de una violenta ráfaga de viento y llenó toda la casa donde estaban reunidos. Se les aparecieron entonces unas lenguas como de fuego que se repartieron y se posaron sobre cada uno de ellos. Todos fueron llenos del Espíritu Santo y comenzaron a hablar en diferentes lenguas, según el Espíritu les concedía expresarse.
HECHOS 2:1-4, NVI

Esto fue más o menos lo que nos pasó a Tania y a mí junto con otras veinte mil personas en el Centro de Convenciones de Los Ángeles. En un momento, muchos de los que estábamos reunidos y que antes no hablábamos en lenguas espirituales empezamos a hacerlo. Los que ya habían experimentado esto antes lo volvieron a experimentar, y con toda seguridad muchos recibieron nuevas lenguas. La música sonaba como un estruendo y caímos al piso embriagados en el Espíritu Santo. Mira lo que dice en los versículos siguientes de Hechos:

Desconcertados y perplejos, se preguntaban: «¿Qué quiere decir esto?». Otros se burlaban y decían: «Lo que pasa es que están borrachos».
HECHOS 2:12-13, NVI

Los días después de esta convención fueron diferentes en varias maneras. Mis tiempos de oración cambiaron porque ahora oraba también en lenguas y la lectura de la Palabra de Dios empezaba a revelarse a mi espíritu. Mis ojos se empezaron a abrir a lo sobrenatural y el poder del Espíritu Santo estaba sobre mí. El Espíritu Santo me guio a lugares donde había otras personas llenas del Espíritu para recibir por impartición e imposición de manos lo que Dios les había dado a ellas. La vida de Tania también cambió en varias maneras. Sus tiempos de oración se transformaron en poderosos tiempos con el Espíritu Santo. Dios la despertaba durante la noche para orar y muchas veces oraba por mí, y sinceramente yo necesitaba mucha oración. Era emocionante compartir lo que Dios estaba haciendo en nosotros, y muchas veces salíamos juntos a compartir la salvación de Jesús con otros.

Durante el tiempo de crecimiento espiritual, en el cual compartíamos las maravillas que Jesús hace, Tania y yo nos enamoramos y empezamos nuestra época de novios. Fue un tiempo en el cual Dios nos empezó a formar como el alfarero le da forma al barro para hacer vasijas de servicio.

El Verdadero Éxtasis

13
Calle Del Consejo

Durante mis tres años de noviazgo con Tania empezamos unas reuniones para jóvenes en el apartamento de mi mamá. Fue algo muy natural en el sentido de que queríamos dar lo que habíamos recibido por gracia. Es decir, queríamos que los jóvenes a nuestro alrededor también conocieran a Jesucristo. Los jóvenes que llegaron le entregaron sus vidas a Jesús. La mayoría de ellos vivían en el mismo edificio de apartamentos. Creo que no era casualidad que Tania vivía en el tercer nivel y yo en el primer nivel del edificio de la calle Del Consejo. Tampoco creo que fuera casualidad que la calle donde yo conocí a Jesucristo y muchas otras personas también conocieran a Jesús llevará el nombre Del Consejo.

La mayoría de los jóvenes que Dios nos envió no vivían con su papá. Pero nuestro Dios, como es un Padre de amor y misericordia llegó a llenar el vacío que había en sus corazones. Al ver las mamás que sus hijos estaban buscando a Jesús algunas de ellas también empezaron a buscar a Dios.

El anciano sabio

Den gracias al Señor, invoquen su nombre; den a conocer sus obras entre las naciones.
SALMO 105:1, NVI

Así dice el Señor, el Dios de Israel: «Escribe en un libro todas las palabras que te he dicho».
JEREMÍAS 30:2, NVI

Durante los primeros meses de mi caminar con Jesús escuchaba su voz por medio de la Escritura, pero, además, Dios me hablaba por sueños. En una noche Dios me dio un sueño que recuerdo frecuentemente. En este sueño vi a un anciano recostado en un sillón reclinable en el centro de una sala rodeado de libros. Había libros ordenados desde el piso hasta el techo en las cuatro paredes. En el sueño le pregunté a Dios confundido: «¿Por qué este anciano se encuentra solo en esta sala rodeado de libros?». En ese momento Dios me respondió diciendo: «Este anciano recibió mucha sabiduría por estos libros que le rodean, pero se encuentra solo porque nunca compartió su sabiduría con nadie».

Desde esa noche pude comprender que las enseñanzas de Dios no son para tenerlas, sino para compartirlas con los demás. Después, Dios me dio la gracia para que las personas me regalen de su tiempo y escuchen con paciencia lo que el Espíritu de Dios me enseña y los momentos sobrenaturales que suceden cuando Dios confirma su poderosa Palabra.

Yo no quisiera llegar a ser como el anciano en el sueño; más bien, lo poco que tengo de parte del Espíritu Santo lo doy a conocer con gratitud en mi corazón dándole la gloria a Dios. Con el pasar de los años nació dentro de mí el deseo de escribir las palabras y momentos que Dios en su misericordia y amor comparte conmigo. Al principio pensé que tan solo era un deseo mío, pero Dios envió personas para confirmar que fue su Espíritu quien hizo nacer este deseo en lo profundo de mi ser.

Jesús el pan de vida

Yo soy el pan vivo que bajó del cielo. Si alguno come de este pan, vivirá para siempre. Este pan es mi carne, que daré para que el mundo viva.
JUAN 6:51, NVI

Unos meses después de conocer a Jesús, me reuní con unos amigos con quienes antes andábamos en los clubes nocturnos, incluyendo a un DJ con quien trabajamos en producción y promoción de clubes. Me dijeron que se habían hecho cristianos y que se congregaban en una iglesia con muchos jóvenes. Me invitaron a una de sus reuniones y al asistir vi que, en efecto, asistía mucha gente. Al platicar con ellos me preguntaron: «¿Eres salvo por Jesús?». Con alegría les respondí que sí. Luego me preguntaron: «¿Ya fuiste bautizado en agua?». A lo cual respondí que no. Al escuchar mi respuesta me dijeron que si no era bautizado en agua todavía no era salvo. Quedé tan confundido que hablé con mi pastor para preguntarle si ya era salvo o si era necesario ser bautizado en agua para serlo. Me respondió: «Tú ya eres salvo». Él ya me había enseñado la doctrina de la salvación y mi bautismo estaba pendiente, pero yo quería estar seguro, y me preguntaba quién tendría la verdad si mi iglesia o la de mis amigos. Pasé varios días confundido y frustrado buscando la respuesta en la Biblia y en comentarios de doctrina cristiana. Estaba tan frustrado que ni apetito tenía.

En medio de la confusión hablé con Dios y le supliqué que me mostrara la verdad. Esa misma noche tuve un sueño en el que vi la venida de Jesús por su iglesia. Miraba como los salvos iban volando al cielo, pero yo no me iba. Al darme cuenta de que varios nos habíamos quedado decidimos llenar una piscina de agua y nos sumergimos en ella, pero aun no salíamos volando al cielo. Repentinamente, en el sueño tuve una visión de un supermercado con unos estantes de pan. Cuando las personas tomaban el pan de inmediato salían volando al cielo. Y en el sueño escuché a Jesucristo decir: «Yo soy el pan vivo que descendió del cielo; si alguno comiere de este pan, vivirá para siempre». Entonces desperté del sueño seguro de que soy salvo por el sacrificio de Jesucristo en la cruz del Calvario.

No hay ningún acto que provenga de nosotros que pueda salvarnos. Solamente Jesús, quien pagó para redimirnos, nos puede salvar de este mundo de pecado y de muerte. De hecho, el nombre 'Jesús' o Yeshua en hebreo significa 'salvación'.

Porque por gracia ustedes han sido salvados mediante la fe; esto no procede de ustedes, sino que es el regalo de Dios, no por obras, para que nadie se jacte.
EFESIOS 2:8-9, NVI

Dios me salvó de caer en el engaño de la falsa doctrina, y al continuar con mi crecimiento en la fe y el conocimiento de la Palabra de Dios pude también adquirir discernimiento por parte del Espíritu Santo.

Años después de mi confusión acerca del bautismo descubrí que la iglesia que continúa engañando a las personas con su falsa doctrina también manipula a sus miembros con tácticas que infunden temor. Usando estas tácticas pueden convencer a las personas de dar más y más de sus ingresos o incluso pedir que usen sus tarjetas de crédito para la supuesta visión de la iglesia.

Muchas personas que fueron engañadas quedaron frustradas al darse cuenta de que solamente las usaron por sus donaciones. La realidad es que nosotros no somos salvos por rituales si no por gracia mediante la fe. Y aunque las religiones quieran sustituir el acto de redención que Jesucristo hizo por nosotros, ninguna obra cumple los requisitos para poder pagar por nuestros pecados. Solamente la sangre de Jesús es aceptable ante Dios el Padre Celestial.

Cruzadas de sanidad y milagros

En una ocasión vi a un hombre en la televisión que hablaba de sanidad divina y milagros en sus eventos llamados «cruzadas de sanidad y milagros».

El Verdadero Éxtasis

Este hombre era el conocido pastor Benny Hinn quien aseguraba que Jesús todavía hace milagros y sanidades. En mi iglesia hispana no había nadie que pudiera dar testimonio de si lo que decía era real o falso, pero me llamó mucho la atención.

A veces suceden cosas que aparentemente son malas, pero que producen oportunidades para ver cosas buenas. En 1998 tuve un accidente de auto que me dejó lastimado de la columna vertebral y las costillas. Choqué en mi picop con una camioneta en la intersección de Wilshire Blvd. y la calle Wilton. Iba a terapia con mi quiropráctico, pero el dolor intenso de espalda permaneció a pesar de un largo tiempo de ir a terapia. Extrañaba tocar la batería en la iglesia y no podía cumplir con mis labores en mi empleo excepto hacer trabajo de escritorio.

De repente, vi en la televisión un anuncio que decía que Benny Hinn estaría en el Arrowhead Pond (ahora conocido como el Honda Center) ministrando sanidad y milagros en el nombre de Jesús. Tania me convenció de que fuéramos a la cruzada para ver si tal vez Dios me sanaba. Al llegar al estadio solamente quedaban las últimas líneas de asientos libres y logramos sentarnos hasta el final contra la pared. Cuando llegó el tiempo en el cual el Espíritu Santo descendió para sanar, los milagros empezaron a suceder en todo el estadio. En un momento Benny declaró que alguien en los últimos asientos estaba siendo sanado de la espalda y que sentía un fuego o calor en la espalda. En ese instante sentí el fuego y el calor en mi espalda y fui completamente sano. Todo el dolor se fue y mi espalda quedó como nueva. No tuve que ir más con el quiropráctico y regresé a todas mis labores de trabajo, así como a tocar la batería una vez más en la iglesia.

En estas cruzadas de sanidad y milagros muchos reconocen a Jesús como su Salvador y Dios siempre es glorificado cuando las personas sanan de manera milagrosa.

El Verdadero Éxtasis

14
Construir sobre la Roca

Todos los que recibimos la salvación por medio de Jesús, somos parte de la casa o del templo espiritual donde Jesucristo vive. Somos piedras vivas que Jesús está usando para formar su templo eterno. Veamos lo que dice la Escritura:

Cristo es la piedra viva, rechazada por los seres humanos, pero escogida y preciosa ante Dios. Al acercarse a él, también ustedes son como piedras vivas, con las cuales se está edificando una casa espiritual. De este modo llegan a ser un sacerdocio santo, para ofrecer sacrificios espirituales que Dios acepta por medio de Jesucristo.
1 PEDRO 2:4-5, NVI

Los jóvenes que Dios salvó durante los años que viví en la calle Del Consejo empezaron a crecer en lo espiritual. Ellos también sintieron el deseo de comunicarles a sus amigos el mensaje de Jesús. Por lo cual, nos reunimos para adorar a Dios en el apartamento de mi mamá donde también vivía mi hermana Velvet con sus hijos. Mi cuñado Ramón y mi hermano Douglas, quienes son mejores amigos de años, estaban por terminar su servicio activo en la infantería de marina (USMC), y estaban por empezar su servicio activo para Dios.

Ramón también tenía poco de haberse convertido; de hecho, él y yo nos bautizamos juntos y empezamos a caminar con Jesús al mismo tiempo. Nuestro pastor nos animó a formar un grupo de música e incluso nos trajo un maestro para aprender a tocar instrumentos que comúnmente se usan en la iglesia. También aprobó invertir en instrumentos como guitarras, batería, teclados y demás para empezar el ministerio de adoración a Dios, y a la misma vez buscamos un local donde nos pudiéramos reunir con más personas.

El equipo de sonido que me quedó después de separarme de mis amigos y mi primo por causa de diferencias personales, pues ya no estaba envuelto en clubes ni drogas, lo dediqué al servicio de Dios. Hice una oración para santificar el sistema de sonido ya que tanto el sistema como yo estuvimos en muchos lugares de deshonra moral y espiritual. Los monitores que usualmente se usan para escuchar el sonido en la plataforma tenían etiquetas con hongos psicodélicos, los cuales obviamente tuve que remover. Las etiquetas eran de los eventos de Mushroom Jazz que hicimos con Mark Farina a mediados de los noventa.

Después de un corto tiempo y un deseo inmenso de adorar a Dios, nos lanzamos como grupo de adoración y empezamos a ministrar a los miembros de nuestra congregación. En las voces estaban mi hermana Velvet y mi hermano Douglas. En el bajo estaba Ramón y en la guitarra estaba el hijo mayor de nuestro pastor que era tan solo un adolecente. Tania tocaba el teclado y yo la batería. Fue una temporada de mucho gozo en la cual también salimos a ministrar a otras iglesias de la ciudad. ¿Te imaginas el gozo que sentía mi mamá después de pasar años orando para que yo conociera a Jesús? Y ahora salíamos como familia a proclamar la salvación en Jesús. Además, en la congregación se estaba formando y preparando un siguiente grupo de jóvenes con un corazón dispuesto a agradar y adorar a Dios.

Como dice la Escritura, nosotros los que creemos en Jesús somos piedras vivas que estamos formando una casa espiritual. Además, somos un sacerdocio santo que ofrece sacrificios espirituales que Dios acepta por medio de Jesús.

Visiones inspirada por la Roca

Las visiones y los sueños divinos son inspirados por Jesucristo (la Roca) por medio del Espíritu Santo. Para edificar sobre la Roca necesitamos instrucciones, diseños o planos. Cuando venimos a Jesús, el Espíritu Santo nos empieza a mostrar los planes que Dios tiene para nosotros. Cuando Jacob, nieto de Abraham, se encontraba sin dirección para su futuro, Dios le dio un sueño al recostar su cabeza sobre la Roca. Veamos lo que dice la Escritura.

Jacob partió de Berseba y se encaminó hacia Jarán. Cuando llegó a cierto lugar, se detuvo para pasar la noche, porque ya estaba anocheciendo. Tomó una piedra, la usó como almohada, y se acostó a dormir en ese lugar. Allí soñó que había una escalinata apoyada en la tierra, y cuyo extremo superior llegaba hasta el cielo. Por ella subían y bajaban los ángeles de Dios. En el sueño, el Señor estaba de pie junto a él y le decía: «Yo soy el Señor, el Dios de tu abuelo Abraham y de tu padre Isaac. A ti y a tu descendencia les daré la tierra sobre la que estás acostado».
GÉNESIS 28:10-13, NVI

Cuando Jacob reposó su cabeza sobre la Roca, Dios le habló y lo identificó como el hijo de la promesa de Abraham y de Isaac. Desde antes de que Jacob naciera, Dios ya tenía un destino preparado para él. Al mismo tiempo, Dios le muestra a Jacob su futuro y el plan para sus descendientes. Debemos descansar nuestra cabeza sobre Jesús (la Roca) y permitir que Dios nos muestre nuestra identidad y los planes que tiene preparados para nosotros. Al despertar, Jacob quedó completamente asombrado y su percepción de la vida cambió al darse cuenta de que Dios estaba con él.

Al despertar Jacob de su sueño, pensó: «En realidad, el Señor está en este lugar, y yo no me había dado cuenta». Y con mucho temor, añadió: «¡Qué asombroso es este lugar! Es nada menos que la casa de Dios; ¡es la puerta del cielo!».
GÉNESIS 28:16-17, NVI

Al reconocer Jacob que Dios estaba en ese lugar lo consagró por medio de ponerle el nombre Betel (casa de Dios) y puerta del cielo.

Jesús es la Escalera al cielo

—Ciertamente les aseguro que ustedes verán abrirse el cielo, y a los ángeles de Dios subir y bajar sobre el Hijo del hombre.
JUAN 1:51, NVI

Es asombroso que cuando decidimos descansar nuestro ser en Jesús, los cielos se abren y ángeles se manifiestan en nuestro entorno. Jesús es la Escalera que vio Jacob en el sueño que tuvo en Betel cuando ángeles bajaban y subían entre la Tierra y el cielo sobre ella. Es lo mismo que Jesús explica cuando dice que veremos los cielos abrirse y a los ángeles subir y bajar sobre el Hijo del hombre.

En mi vida antes de conocer a Jesús muchas veces sentía o experimentaba cerca de mí manifestaciones de seres impuros. Al empezar mi caminar con Jesús me di cuenta de que había ángeles a mi alrededor. Seguro que estos ángeles fueron enviados antes de que yo rindiera mi corazón a Jesús como respuesta a las oraciones que hacía mi madre delante de Dios. Además, estoy seguro de que muchas veces me salvaron de la muerte, aunque yo no lo supiera. Cuando empecé a tener momentos privados de adoración a Dios, mis ojos se abrieron al reino de Jesús y como consecuencia también a sus ejércitos angelicales.

El Verdadero Éxtasis

Al principio de mi descubrimiento vi a un ángel guerrero a la par de mi cama durante la noche cuando por un momento abrí mis ojos mientras dormía. Es un ángel con una armadura muy fuerte y una lanza asombrosa. Todos los hijos de Dios tenemos por lo menos un ángel que nos cuida de día y de noche. Veamos lo que dice la Escritura en el libro de los Salmos.

El ángel de Jehová acampa alrededor de los que le temen, y los defiende.
SALMOS 34:7, RVR

Tengo por seguro que donde tenemos comunión con Dios es un Betel, casa de Dios y puerta del cielo, y por esta razón, ángeles ascienden y descienden en esos lugares. Los ángeles son seres espirituales enviados por Dios para ministrarnos; es decir, para servir de ayuda en nuestras diferentes situaciones. La Escritura lo dice de esta manera.

¿No son todos los ángeles espíritus dedicados al servicio divino, enviados para ayudar a los que han de heredar la salvación?
HEBREOS 1:14, NVI

Existen también ángeles protectores o guardias que cuidan de los propósitos de Dios. Algunas veces Dios envía ángeles para protegernos de algún peligro como lo hizo con Jesús cuando era un bebé.

Después de que los sabios regresaron a su país, un ángel de Dios se le apareció a José en un sueño y le dijo: «Levántate.

Escapa a Egipto con el niño y con su madre, y quédate allá hasta que yo te avise, porque Herodes va a buscar al niño para matarlo».
MATEO 2:13, TLA

En el principio de la humanidad, cuando Adán y Eva pecaron y fueron expulsados del paraíso, Dios puso querubines para no permitir que comieran del árbol de la vida en su estado pecaminoso.

Luego de expulsarlo, puso al oriente del jardín del Edén a los querubines, y una espada ardiente que se movía por todos lados, para custodiar el camino que lleva al árbol de la vida.
GÉNESIS 3:24, NVI

De la misma manera, Dios instruyó a Moisés que formara dos querubines sobre el arca del pacto como se lo mostró en la visión celestial.

Después de eso quiero que le hagas al cofre una tapa de oro puro. Debe medir un metro y diez centímetros de largo por sesenta y cinco centímetros de ancho. En cada extremo de la tapa pondrás dos querubines de oro moldeados a martillo. La tapa y los dos querubines deben ser de una sola pieza.
ÉXODO 25:17-19, NVI

Ciertamente, Dios se manifiesta rodeado de ángeles. Por lo tanto, donde quiera que Jesús esté se encuentran ángeles rodeándolo, y donde quiera que hay ángeles Dios está en el centro. Es como los planetas girando alrededor del sol. Por consiguiente, si yo estoy con Dios hay ángeles rodeándonos. Miremos el ejemplo en la Escritura:

Los dos querubines deben quedar uno frente al otro, mirando hacia la tapa y cubriéndola con sus alas extendidas. Una vez que hayas puesto la tapa sobre el cofre, pondrás allí adentro los diez mandamientos. Entre los dos querubines, yo me encontraré contigo y te diré lo que los israelitas deben o no deben hacer.
ÉXODO 25:20-22

Ojos abiertos: Eliseo y los ángeles

Dios siempre nos cuida y hace lo que sea necesario para que estemos seguros en su mano. Muchas veces no vemos lo que Dios está haciendo, pero si le pedimos que abra nuestros ojos para ver a sus ejércitos, Dios lo hará. En una ocasión el profeta Eliseo oró a Dios para que abriera los ojos de su siervo Guiezi cuando estaban rodeados por sus enemigos. Veamos el pasaje en el Segundo Libro de los Reyes.

A la mañana siguiente, el sirviente del profeta se despertó temprano. Cuando salió y vio un ejército con carros y caballos que rodeaba la ciudad, le dijo a Eliseo:
—¡Maestro! ¿Qué vamos a hacer?
Eliseo le respondió:
—No tengas miedo. ¡Son más los que están con nosotros que los que están con ellos!
Luego Eliseo oró y dijo: «Dios, te ruego que lo ayudes a darse

cuenta de lo que sucede». Entonces Dios ayudó al sirviente, y
este vio que la montaña estaba llena de caballos y carros de
fuego que rodeaban a Eliseo.
2 REYES 6:15-17, TLA

En otras palabras, Dios enviará al número de ángeles que sean necesarios para cuidarnos. Una vez, al terminar de enseñar la Palabra de Dios a un grupo de personas, mi hermana se me acercó y me dijo: «Todo el tiempo que estuviste hablando la Palabra de Dios había un ángel detrás de ti». Yo ni me di cuenta y no sé por qué razón Dios lo envió, pero me da gusto saber que cuando hablamos la Palabra de Dios hay ángeles con nosotros preparados para demostrar el poder de Dios.

El Verdadero Éxtasis

15
Despertar espiritual

En adoración el día de mi boda

El día de mi boda, en diciembre del año 2000, mi corazón se encontraba lleno de adoración a Dios. Estaba tan agradecido con mi Padre celestial porque él había preparado para mí una vida mejor que la que yo tenía antes de encontrar la salvación por medio del sacrificio de su Hijo Jesús. Si no hubiera sido porque Jesucristo pagó con dolor todas mis maldades, yo no podría gozar de las fiestas tan especiales de la vida. La Biblia dice en Isaías que Jesús tomó nuestro lugar de dolor para que gocemos de vida abundante.

A pesar de todo esto, él cargó con nuestras enfermedades y soportó nuestros dolores. Nosotros pensamos que Dios lo había herido y humillado. Pero él fue herido por nuestras rebeliones, fue golpeado por nuestras maldades; él sufrió en nuestro lugar, y gracias a sus heridas recibimos la paz y fuimos sanados.
ISAÍAS 53:4-5, TLA

Dios me salvó de mi vida de pecado, y aunque no soy perfecto, ahora puedo gozar de sus bendiciones. El matrimonio es una bendición, pues haber encontrado una esposa que me ame y quiera compartir su vida conmigo es maravilloso. La Biblia dice que el que encuentra esposa ha alcanzado la gracia y el favor de Dios.

Quien halla esposa halla la felicidad: muestras de su favor le ha dado el Señor.
PROVERBIOS 18:22, NVI

Buscar a Dios a solas me ayuda a presentarle mi vida y rendirme ante su voluntad. Como consecuencia, Dios en su gran amor prepara lo necesario para que yo viva en sus promesas de vida abundante. Dios quiere que yo goce de felicidad y preparó para mí una esposa que me hace feliz. Por eso la Escritura dice que quien halla esposa halla la felicidad como una muestra del amor y favor de Dios.

Cuando Tania y yo solo éramos amigos, ella oraba por mí para que Dios cuidara de mí y de mi niña. Tania me ha dicho que Dios la despertaba en medio de la noche para orar. Además, Tania observaba si yo tenía alguna necesidad y oraba para que el Señor me suministrara lo que necesitaba. Su bondad era obra del Espíritu Santo en su vida puesto que ella pasaba tiempo con Dios y se movía conforme el Espíritu Santo la inspiraba.

Durante nuestra época de novios pude descubrir el especial tesoro que es Tania. Cuánto amor tiene hacia Dios y la humanidad, no solo de palabra, sino también en sus hechos. Definitivamente, es por el favor de Dios que ella es mi esposa, pues la Biblia dice que es difícil encontrar una esposa extraordinaria.

¡Qué difícil es hallar una esposa extraordinaria! ¡Hallarla es como encontrarse una joya muy valiosa!
PROVERBIOS 31:10, TLA

Por eso el día de mi boda mi corazón estaba lleno de adoración a Dios. Dios no solo sanó mi mente, mi corazón y mi cuerpo; también me dio el regalo de una esposa hermosa y preciosa para formar una bella familia.

Tuvimos para nuestra ceremonia excelentes músicos adoradores de entre nuestros familiares y amigos quienes llevaron a nuestros invitados a unos momentos de adoración preciosos. La presencia de Dios se hizo presente de una manera tangible. Fue un día muy hermoso de lágrimas fruto de la emoción y risas agradables.

Dos son mejor que uno

La verdad, «más valen dos que uno», porque sacan más provecho de lo que hacen. Además, si uno de ellos se tropieza, el otro puede levantarlo. Pero ¡pobre del que cae y no tiene quien lo ayude a levantarse!
ECLESIASTÉS 4:9-10, TLA

Desde el principio de mi matrimonio con Tania, Dios se empezó a manifestar con gran poder en nuestro hogar. Una casa está hecha de muchos ladrillos y juntos en unidad todos somos más fuertes. Recién casados decidimos hacer nuestra primera reunión de grupos de parejas recién casadas. Por lo menos, yo pensé que sería una noche de compañerismo, conversaciones y entretenimiento. Pero Dios tenía otro plan.

La tarde de la reunión, cuando llegaron nuestras amistades, Tania estaba terminando de preparar los refrescos. Después de unos cuantos minutos nos sentamos todos a la mesa para compartir. Al empezar la conversación, uno de mis amigos me hizo una pregunta muy controvercial entre cristianos. Yo no esperaba una pregunta bíblica en ese momento y en realidad quedé sorprendido, pero en el momento sentí por el Espíritu Santo decir la primera parte del siguiente versículo de Romanos 12:2 (NVI).

No se amolden al mundo actual, sino sean transformados mediante la renovación de su mente.

En el instante se manifestó una brillante luz en medio de todos nosotros. La luz vino con tanta fuerza que lanzó a mi amigo contra la pared en su silla. Mi amigo se frotaba los ojos mientras decía: «Estoy ciego, estoy ciego». En ese momento escuché la voz de Dios decir: «Tiene un espíritu opuesto al mío». Entonces le dije a el grupo que teníamos que orar a Dios para que mi amigo reciba libertad. Mi amigo trató de correr, pero como quedó ciego por la luz solamente llegó al centro de la sala donde después de un corto tiempo se quedó dormido en el piso. Todos nosotros nos quedamos en pie para esperar a que mi amigo despertara. Esperamos un poco y luego finalmente despertó con su vista restaurada. Le pedimos que nos contara lo que experimentó con detalles. Mi amigo nos contó que cuando escuchó la frase: «No se amolden al mundo actual, sino sean transformados mediante la renovación de su mente», quedó ciego, y al tratar de salir corriendo hubo una batalla dentro de el. Después vio una mano entrar dentro de su cuerpo por la boca y sacar algo malvado de su cuerpo y como consecuencia recibió paz. Nuestras amistades salieron diferentes de nuestro apartamento después de haber experimentado el poder sanador de Dios y su ministración de paz. Tendría que haber sido una reunión de conversación y entretenimiento, pero Dios transformó la reunión en una ocasión para sanar, enseñar y ministrar su amor. El versículo completo dice lo siguiente:

No se amolden al mundo actual, sino sean transformados mediante la renovación de su mente. Así podrán comprobar cuál es la voluntad de Dios, buena, agradable y perfecta.
ROMANOS 12:2, NVI

Justo al iniciar mi vida matrimonial, Dios se manifestó con una palabra para que evitáramos ser como el molde de este mundo. La humanidad y los hogares reciben influencia de muchas fuentes formativas, pero Dios quiere que nuestra fuente principal sea Jesús mismo. Tanto Tania como yo tuvimos una formación diferente por parte de nuestros padres, pero ahora al empezar nuestro hogar tendríamos que renovar nuestra mente y buscar la buena, agradable y perfecta voluntad de Dios para nosotros. Un buen principio es reconocer que tenemos debilidades y que en cualquier momento uno de los dos podemos caer, pero si eso sucede, el que está firme tiene la capacidad de levantar al caído. Esto no quiere decir que debamos permitir abusos de cualquier tipo, sino ayudarnos a ser la mejor versión de nosotros mismos. Veamos el siguiente versículo:

Y también, si dos se acuestan juntos, entran en calor; pero uno solo se muere de frío.
ECLESIASTÉS 4:11, TLA

Hay leyes naturales que se activan cuando dos personas se unen. Por ejemplo, tenemos la termodinámica del cuerpo humano. Cuando un cuerpo está solo en un ambiente frío, ese cuerpo pierde calor hasta que el ambiente absorbe su energía interna. Pero cuando dos cuerpos están juntos en un ambiente frío reciben energía interna el uno del otro, lo cual les da la capacidad de mantener su energía interna por más largo tiempo.

De la misma forma, una pareja se complementa usando la misma fórmula de dar y recibir. Cuando yo estoy bajo de calor espiritual mi esposa ora por mí impartiéndome de lo que ella tiene en abundancia por el Espíritu Santo o viceversa.

Tres son mejor que dos

Una sola persona puede ser vencida, pero dos ya pueden defenderse; y si tres unen sus fuerzas, ya no es fácil derrotarlas.
ECLESIASTÉS 4:12, TLA

Podemos ver en este pasaje que si dos es mejor que uno, tres es mejor que dos. En un matrimonio es necesario que Dios sea la persona que nos complemente, que nos dé fuerza, que nos guíe, que nos provea, etcétera. Como dice la Escritura en Romanos:

Solo nos queda decir que, si Dios está de nuestra parte, nadie podrá estar en contra de nosotros.
ROMANOS 8:31, TLA

Dios es en esencia tres personas y a la misma vez es uno. Dios Padre, Dios Hijo y Dios Espíritu Santo. El Padre mora dentro del Hijo, el Hijo mora dentro del Padre y el Espíritu Santo mora dentro de los dos.

¿Acaso no crees que yo estoy en el Padre, y que el Padre está en mí? Las palabras que yo les comunico, no las hablo como cosa mía, sino que es el Padre, que está en mí, el que realiza sus obras.
JUAN 14:10, NVI

De la misma manera, solo el Espíritu de Dios sabe lo que piensa Dios.
1 CORINTIOS 2:11, TLA

En realidad, incluir a Dios en todo aspecto de nuestra vida es lo mejor que podamos hacer. Con Jesús tenemos la victoria en cada batalla o problema que se levante en contra de nosotros. También tenemos la sanidad para toda enfermedad que ataque nuestro cuerpo, mente o incluso nuestra alma. No aceptemos el molde del mundo o de la sociedad formado por los hombres de esta época. Renovemos nuestros pensamientos, y aceptemos el reino de Dios y su voluntad eterna para nosotros que es buena, agradable y perfecta.

11 de septiembre de 2001

Cuando las torres gemelas fueron derrumbadas por terroristas en los Estados Unidos de América, se manifestó un despertar espiritual en todo el país. Nadie pudo ver el plan malvado que el enemigo de nuestras almas desarrolló en lo oculto durante mucho tiempo hasta que ocurrió. Mi hermano Douglas y mi cuñado Ramón quienes habían terminado su servicio militar activo, fueron llamados a servir una vez más puesto que formaban parte de la reserva. Recuerdo exactamente el momento cuando recibieron la llamada, pues estábamos juntos esa noche.

Con un grupo de nuestra iglesia decidimos hacer proyectos de apoyo y una noche de oración intercesora por las tropas que fueron enviadas a la guerra. Hicimos volantes de invitación y lanzamos un llamado a la oración y la intercesión. Decidimos rentar el auditorio del bachillerato Belmont para el evento. Fue la primera vez que renté un recinto estrictamente para orar en lugar de para bailar y hacer locuras. Déjame decirte que es más fácil invitar a personas a bailar y vender las entradas que reunir a personas para orar sin cobrar la entrada.

Lo que estoy a punto de contar no tiene nada que ver con la política asociada con la segunda guerra del golfo, sino más bien con mostrar el corazón de Dios en medio de las dificultades del conflicto.

En los días de preparación para esta noche de oración, salimos a visitar algunas iglesias para compartir el llamado a orar por la nación y las tropas. En una de estas noches me acompañó un hermano muy peculiar que conocí en una iglesia en Hollywood. Este hermano solía dar vueltas como remolino en los momentos de alabanza de la iglesia. Tenía que ser sobrenatural porque nunca había visto a una persona girar tantas veces. No sé cómo nos entendíamos porque su inglés y español eran muy limitados. Al llegar a una iglesia en el centro de Los Ángeles nos encontramos con el cantante y ministro Tony Pérez. Al conversar con él, Dios le dio una palabra para este joven que venía conmigo. Tony le dijo de parte de Dios que dentro de pocos días sería tomado por inmigración y que sería enviado de regreso a su país donde Dios lo usaría para evangelizar a sus compatriotas. Cuál sería mi sorpresa que en un corto tiempo el joven fue deportado a Afganistán. Dios tenía un plan para este joven en medio de la guerra entre las naciones. Los historiadores relatan que el número de cristianos en Afganistán creció conforme incrementó el número de tropas estadounidenses después de la caída del Talibán.

Durante el evento de intercesión y oración por las tropas que fueron partícipes de la guerra, Dios nos envió guerreros espirituales quienes venían con *shofares* y que conocen los planes del reino de Dios. Además, estuvieron con nosotros una gran cantidad de ángeles ministrando en la presencia del Rey de reyes. En cierto momento, cuando uno de los pastores hizo un llamado para que las personas pasaran al frente para orar por ellas me sucedió algo sobrenatural. Mi hermano Douglas y yo nos encontrábamos en la parte de atrás del escenario y cuando marchamos en dirección del pastor, el Espíritu de Dios me lanzó por el aire rumbo a una torre de bocinas. Pude escuchar el sonido de asombro en la voz de los asistentes que pensaron que yo iba a chocar con las bocinas. Pero en el momento que yo volaba rumbo a la torre, las dos manos de un ángel me tomaron y me hicieron descansar en la plataforma suavemente como desciende una pluma al piso. Fue una noche de oración gloriosa y sabíamos que Dios estaba en control del conflicto militar.

Mi cuñado Ramón fue enviado a proteger una base nuclear estadounidense y mi hermano Douglas fue desplegado como soporte para las tropas. Al concluir sus tiempos asignados, Ramón recibió doble sueldo. Uno de parte del gobierno y el otro de parte de la corporación donde trabajaba. Y Douglas continúa en la seguridad del país como miembro del departamento de seguridad nacional. Dios tiene planes buenos para nosotros aun en medio de conflictos difíciles.

Dios provee los pequeños detalles

Deléitate en el Señor y él te concederá los deseos de tu corazón.
SALMOS 37:4, NVI

Mi esposa deseaba adquirir un nuevo conjunto de sillones que vimos en una tienda de muebles. Hicimos el presupuesto y al recibir la provisión de parte de Dios, planeamos la fecha de la compra de los sillones. Unos días antes de la compra se nos presentó la oportunidad de ministrar a los chicos de un refugio para jóvenes que carecían de vivienda en Hollywood. En uno de los ensayos del grupo de adoración me di cuenta de que los agudos de los altavoces estaban quemados y era necesario reemplazarlos. Tome parte de la provisión para los sillones para reparar los altavoces sin decirle nada a Tania.

Después del evento que fue de gran bendición para los jóvenes del refugio, el cual de hecho se llama «La Casa del Pacto», me quedé corto para comprar los sillones. Al contarle a Tania que tomé del presupuesto de los sillones para reparar los altavoces se le vino el ánimo abajo. Decidí llevar a Tania a otra tienda de muebles donde venden unos sillones similares a un costo más bajo y le aseguré que eran iguales. Cuando Tania vio los sillones quedó decepcionada porque obviamente no eran los que ella deseaba para nuestra sala.

Dios interviene

En mi bolsillo tenía la tarjeta de la mueblería que vendía los sillones que Tania deseaba. El Espíritu Santo me habló y me dijo: «Toma la tarjeta que tienes de la mueblería y mira la parte de atrás». Al leer el reverso de la tarjeta, estaba la dirección de las bodegas que suplen a las tiendas de la ciudad. Entendí que debía ir a las bodegas a comprar los sillones.

Cuando llegamos a las bodegas, vimos que los sillones que Tania deseaba se encontraban en una plataforma en exhibición. Eran idénticos en color, material y forma. Además, estos sillones venían con un tapiz resistente a las manchas. Cuando le pregunté al vendedor el precio de los sillones, me dio el mismo precio al por menor de las tiendas. En mi mente le dije al Espíritu Santo que se había equivocado puesto que el precio era igual al de las tiendas. Suavemente el Espíritu Santo me respondió y me dijo: «Ofrécele la cantidad que traes en la bolsa». Le ofrecí al vendedor la cantidad que yo traía. Después de negarse varias veces y de llamar al dueño decidieron dármelos por la cantidad que yo traía, que era mucho menos que el precio original. Dios me dio la gracia para hacer feliz a Tania y bendecir a los jóvenes de La Casa del Pacto.

Una persona se molestó conmigo cuando le conté esta historia. Me preguntó por qué a Dios le podrían interesar nuestros sillones. Déjame decirte que Dios provee los pequeños detalles que nos hacen felices. Como dice la Escritura, Dios conoce cuántos cabellos tenemos en la cabeza.

¿No se venden dos gorriones por una monedita? Sin embargo, ni uno de ellos caerá a tierra sin que lo permita el Padre; y él les tiene contados a ustedes aun los cabellos de la cabeza. Así que no tengan miedo; ustedes valen más que muchos gorriones.
MATEO 10:29-31, NVI

El Verdadero Éxtasis

16
Sanidades y milagros

Intercesión por mis hijos

Cuando mi esposa Tania estaba embarazada de mi hija Sarah, el médico detectó un fibroma en la matriz de Tania durante la realización de una ecografía. El médico nos dijo que no era posible quitar el fibroma durante el embarazo porque era muy peligroso. El fibroma iba a crecer al mismo tiempo que Sarah. Debíamos esperar hasta el día del parto para que después de que Sarah naciera inmediatamente pudieran operar y quitar el fibroma. Empezamos a pedirle a Dios que lo quitara de forma sobrenatural. En la siguiente ecografía el médico se dio cuenta de que el fibroma había desaparecido de la matriz. Sarah pudo crecer con toda libertad.

Sarah, además de ser mi hija, es un constante recuerdo de la gracia de Dios. Ella nació el 5 de agosto, y el número cinco en la Biblia es el número que significa gracia de Dios. Cuando Dios visitó a Abram y a Saray la quinta vez, les cam-

bió el nombre a Abraham y Sarah, por medio de insertar una
'h' en sus nombres. La letra 'h' o la he es la quinta letra del
alfabeto hebreo y significa 'la gracia de Dios en el ser humano'. Veamos el pasaje en Génesis:

También le dijo Dios a Abraham:
—A Saray, tu esposa, ya no la llamarás Saray, sino que su
nombre será Sara. Yo la bendeciré, y por medio de ella te daré
un hijo. Tanto la bendeciré, que será madre de naciones, y de
ella surgirán reyes de pueblos.
GÉNESIS 17:15-16, NVI

De acuerdo con los eruditos hebreos la 'h' o la he es
el sonido y la exhalación del aliento de Dios cuando declara
su Palabra divina. También representa la revelación, luz y
proceso creativo de Dios. Ya que el valor numérico de la 'h'
es cinco y corresponde con el nivel físico de los cinco dedos,
los cinco sentidos o las cinco dimensiones.

Por la palabra del Señor fueron creados los cielos, y por el soplo
de su boca, las estrellas.
SALMOS 33:6, NVI

Cuando declaramos las palabras de Dios sobre nosotros estamos siendo parte del proceso creativo de Dios.
El nombre 'Saray' o 'Saraí' significa 'gobernador' en hebreo,
pero el nombre 'Sara' o 'Sarah' significa 'madre de naciones'
y 'princesa' en hebreo. Cada vez que Abraham declaraba el
nombre de Sarah le estaba diciendo que sería madre de mul-

titudes. El cambio de nombre produjo la diferencia entre ser una esposa estéril y ser una esposa fértil.

En el transcurso de nuestra vida debemos declarar la Palabra de Dios y sus promesas para nosotros. Cuando lo hacemos estamos imitando el proceso creativo de Dios. Si por la Palabra del Señor fueron creados los cielos, entonces por sus palabras nosotros somos creados. Y si por su soplo fueron creadas las estrellas, por su Espíritu Santo son creadas todas nuestras bendiciones.

Nacimiento prematuro

El nacimiento de mi hijo Ezekiel fue muy complicado y una montaña rusa de emociones. Cuando visitamos el hospital con Tania para el recorrido del centro de obstetricia, nos mostraron también la unidad de cuidados intensivos neonatales. En ese momento nos dijimos el uno al otro: «Nosotros no tendremos necesidad de la unidad de cuidados intensivos». Al salir del hospital esa tarde no teníamos ni idea de lo que nos esperaría en los meses siguientes.

El día después de nuestro recorrido por el centro de obstetricia la presión arterial de Tania subió a niveles sumamente altos. La llevé al hospital y el médico le diagnosticó preclamsia. En las horas siguientes, la presión arterial de Tania continuó subiendo y el corazón de Ezekiel empezó a desfallecer. El médico nos dijo que era necesario realizar una cesárea en ese mismo momento o el bebé y Tania podían morir. Ezekiel apenas tenía veintinueve semanas de gestación, sus pulmones no se habían terminado de formar y todos sus órganos estaban prematuros y necesitaban crecer.

Empezamos a pedirle a Dios que hiciera un milagro tanto en Tania como en Ezekiel. Personalmente le dije: «Dios, necesito a mi esposa y también a mi hijo, y no estoy dispuesto a perder a ninguno de los dos». Llamé a mis pastores, familiares y amigos para interceder todos juntos por un milagro. En el transcurso de una hora, los médicos nos prepararon mostrándonos imágenes de la posible apariencia del estado complicado o deformado del bebé.

Gracias a Dios, Ezekiel nació pesando 2 libras o 907 gramos, pero todo su cuerpo estaba entero. Los cuarenta días siguientes los pasó dentro de una incubadora conectado a varias máquinas y computadoras que le ayudaron a desarrollar todos su órganos a un nivel de madurez suficiente para vivir sin ellas. Cada día que pasaba era un milagro porque los niños prematuros pueden tener problemas que causen su muerte repentina. Algunos no sobreviven al cuidado neonatal intensivo.

Las enfermeras que lo cuidaban veinticuatro horas diarias nos decían que Ezekiel se reía de manera asombrosa y frecuente, como si estuviera en su propio mundo en la incubadora. A pesar de estar conectado a tantos cables y tubos médicos Ezekiel pudo superar todo obstáculo. Los médicos nos dieron una gran lista de posibles problemas que Ezekiel tendría en su niñez, pero ninguno se hizo realidad. Gracias Dios por tu infinita gracia.

Milagro financiero

Después de celebrar la salida de Ezekiel del Hospital empezamos a recibir las cuentas que nos tocaba pagar a los diferentes departamentos médicos. Tania tenía seguro médico que le cubría durante el embarazo hasta el nacimiento del bebe. Dado el caso que Ezekiel nació antes de tiempo, y de emergencia, todas las cuentas médicas de cuidado intensivo no estaban cubiertas por el seguro y nos tocaba pagar a nosotros. Cuando sumamos las cuentas que fueron llegando progresivamente, el total sobrepasó un millón de dólares. Me puse a pensar en que si trabajaba toda mi vida quizá no podría terminar de pagar el total de las cuentas. Desde entonces le empecé a llamar a Ezekiel: «Million Dollar Baby».

Después de un corto tiempo, nos citaron para hablar personalmente con el departamento de cobranza del hospital. De camino a la oficina yo pensaba: «¿Qué le puedo decir al oficial de cobranza?». Cuando llegamos a la oficina, y después de un breve saludo, el oficial de cobranza nos dijo que ¡Nuestra cuenta estaba pagada por completo y que no debíamos nada en lo absoluto! ¡Que gran alivio para nosotros! Una vez más la gracia de Dios nos bendijo. No sé como sucedió, solo que Dios nos libró de esa gran cuenta. ¡Gracias, Dios, por tu amor y misericordia!

El ojo de Samantha

Cuando mi hija Samantha estaba pequeña le salió un orzuelo quístico en un ojo. Era grande y se necesitaba cirugía para quitarlo. Unos días antes de su cita con el cirujano fuimos por invitación a una iglesia en el oeste de Los Ángeles donde Benny Hinn estaría ministrando.

Cuando llegamos a la iglesia, la fila para entrar era muy larga. La iglesia es una de las más grandes de Los Ángeles y tiene mucho espacio. Pudimos entrar y tomar muy buenos lugares en el auditorio. Los servicios con Benny Hinn son conocidos por la cantidad de milagros que suceden en medio de la adoración a Dios. En un momento del servicio un hombre vestido con un traje blanco fue lanzado por el Espíritu Santo desde el escenario hasta la parte de atrás del auditorio. En esta ocasión fueron conmigo Tania, Samantha, mi mamá y Pantaleón, mi padrastro. Cuando el hombre que fue lanzado pasó volando cerca de nosotros, Pantaleón volteó y me dijo muy asombrado: «¿Viste volar a ese hombre?». Claro que lo vimos volar y aterrizar de pie y correr con gran fuerza rumbo al escenario una vez más.

Durante el tiempo de sanidades milagrosas vimos a muchos recibir su milagro. Incluso una de las servidoras de la iglesia que conocimos afuera en la fila fue sanada de cáncer. Mi hija Samantha, emocionada, me pidió que la llevara al frente a testificar porque ella estaba segura de que Dios la había sanado del ojo. La revisé y todavía tenía el orzuelo quístico en el ojo. Ella se tocaba el área del ojo y me decía que no sentía el orzuelo y que Dios la había sanado. Decidí llevarla al frente porque ella estaba segura de que Dios la había sanado. Cuando llegamos al frente, había unos médicos que examinaban a las personas para ver si el milagro era real. Uno de los médicos me dijo que no la podía pasar a testificar porque el orzuelo estaba presente. Yo como un niño le dije que ella no lo sentía, pero de todas formas no nos permitieron pasar a testificar.

Cuando regresamos a casa, Samantha se miró en el espejo del baño y me dijo que ya no veía el orzuelo alrededor del ojo. Yo decidí unir mi fe con la de ella y le pedí a Dios que obrara milagrosamente. Cuál fue mi sorpresa que el orzuelo desapareció unos días antes de la cirugía. Pero para Samantha, Dios la sanó ese domingo en la tarde en el servicio de la iglesia en el oeste de Los Ángeles.

Enfermedad de Kawasaki

En los primeros meses del quinto año de Ezekiel se le desarrollaron síntomas que los médicos de Los Ángeles no podían diagnosticar. Tania y yo estábamos afligidos de ver cuánto dolor Ezekiel estaba sufriendo. Los síntomas eran los siguientes: fiebre alta por más de diez días; sarpullido, a menudo en la espalda, el pecho y las ingles; manos y pies hinchados; enrojecimiento de los labios, el revestimiento de la boca, la lengua, las palmas de las manos y las plantas de los pies; y conjuntivitis. Con tantos síntomas, el grupo de médicos que lo atendían no podían ponerse de acuerdo en un diagnóstico.

Una doctora que trabajó bajo la dirección del doctor Kawasaki en Japón supo exactamente lo que Ezekiel estaba sufriendo. El doctor Kawasaki descubrió esta enfermedad que afecta a los niños alrededor de los cinco años. Yo me estaba desesperando de ver a Ezekiel enfermo durante tantos días en el hospital. Ezekiel dijo: «Hoy estoy enfermo, pero mañana estaré sano». Y repetía la misma frase día tras día.

Una noche cuando yo estaba orando y pidiéndole a Dios que sanara a Ezekiel recordé unas palabras que nos dijo el pastor Chito Rendón de Guatemala. Cuando conocimos al pastor Chito en Los Ángeles decidimos darle una ofrenda financiera de amor. Cuando nos presentaron y le dimos la ofrenda el oró por nosotros. Cuando estaba orando recibió una palabra de conocimiento de parte de Dios. Nos preguntó si teníamos un bebe. Le respondimos que sí, que el bebé estaba en casa. Luego nos dio la palabra que recibió de parte de Dios acerca del futuro en los años de madurez de Ezekiel. La guardamos en nuestro corazón y nos despedimos.

En esa noche que Dios trajo a memoria las palabras que nos dio el pastor Chito, me puse de acuerdo con el futuro de Ezekiel y confié en que Dios lo sanaría de la enfermedad de Kawasaki y que no tendría complicaciones.

El tratamiento que le hicieron a Ezekiel consistió en una inmunoglobulina intravenosa (IVIG) que es un tratamiento terapéutico para pacientes con deficiencias de anticuerpos. Se prepara a partir de un grupo de inmunoglobulinas (anticuerpos) del plasma de miles de donantes sanos. Las inmunoglobulinas son producidas por el sistema inmunológico de personas sanas con el propósito de combatir infecciones. Si bien la IVIG se deriva del plasma (un producto sanguíneo) está tan purificada que las probabilidades de contraer una infección transmitida por la sangre son extremadamente bajas.

Lamentablemente, el tratamiento no dio resultado para sanar a Ezekiel y los médicos recomendaron intentarlo una segunda vez. El segundo tratamiento si dio resultado y Ezekiel quedó sano del síndrome de Kawasaki. Fue necesario el plasma de miles de donantes multiplicado por dos para que Ezekiel pudiera salir del hospital.

Cuando Ezekiel salió del hospital ya no era el mismo niño de cinco años. No solamente compartía el plasma de miles de donantes, sino que durante su estadía en el hospital sus ojos espirituales se abrieron y empezó a ver una gran cantidad de ángeles. Empezó a dibujar la apariencia de los ángeles con detalles precisos, exactos y concretos. Al llegar a casa en noviembre cuando se celebra en Estados Unidos el Día de Acción de Gracias, Ezekiel nos relataba cuántos ángeles podía ver en cada área de nuestra vivienda. Los médicos nos recomendaron tenerlo en cuarentena por unos días para una completa recuperación. La presencia de Dios y las manifestaciones de los ángeles fortalecieron a Ezekiel en cuerpo, alma y espíritu. El significado del nombre Ezekiel es 'Dios es mi fuerza'.

Jesús sana a los enfermos

Jesús recorría toda Galilea, enseñando en las sinagogas, anunciando las buenas nuevas del reino, y sanando toda enfermedad y dolencia entre la gente.
MATEO 4:23, NVI

Toda buena dádiva y todo don perfecto descienden de lo alto, donde está el Padre que creó las lumbreras celestes, y que no cambia como los astros ni se mueve como las sombras.
SANTIAGO 1:17, NVI

Jesucristo hoy sigue recorriendo las ciudades sanando toda enfermedad y dolencia. No importa si las sanidades vienen sobrenaturalmente o por medio de médicos y medicinas, todo lo bueno viene de nuestro Padre celestial. Él nunca cambia y siempre ama a sus hijos.

Porque de tal manera amó Dios al mundo, que ha dado a su Hijo unigénito, para que todo aquel que cree en él, no perezca, sino que tenga vida eterna.
JUAN 3:16, NVI

Si estás enfermo y necesitas sanidad en tu cuerpo, alma o espíritu, pon tu fe en Dios y recibe tu sanidad ahora porque Jesús, quien murió para nuestra salvación y sanidad, quiere sanarte hoy.

¿Quién es el que condena? Cristo es el que murió; más aún, el que también resucitó, el que además está a la diestra de Dios, el que también intercede por nosotros.
ROMANOS 8:34, RVR

La Biblia nos dice claramente que Jesús intercede por nosotros porque es su voluntad que recibamos su sanidad.

Ciertamente llevó él nuestras enfermedades, y sufrió nuestros dolores; y nosotros le tuvimos por azotado, por herido de Dios y abatido.
ISAÍAS 53:4

Jesucristo padeció todo lo que nosotros sufrimos para que dejemos de sufrir y tomemos la sanidad que él ya pagó con su sacrificio en la cruz. Recibe hoy tu sanidad y tu milagro en el nombre de Jesús. Si la sangre de miles de donantes contribuye a la sanidad de muchos enfermos, la sangre pura e intachable de Jesús tiene el poder para sanar cualquier enfermedad.

Él mismo, en su cuerpo, llevó al madero nuestros pecados, para que muramos al pecado y vivamos para la justicia. Por sus heridas ustedes han sido sanados.
1 PEDRO 2:24, NVI

El Verdadero Éxtasis

Jesús llevó a la cruz todos nuestros pecados para que vivamos una vida justificada por su sacrificio. De modo que ya no tengamos que vivir sintiéndonos culpables por los pecados que hemos cometido. Más bien, si recibimos el perdón de Dios por medio del sacrificio de Jesús, somos libres de culpa y nuestra alma es sanada. Si tú quieres recibir el perdón de Dios por tus pecados di conmigo esta oración:

Padre nuestro te pido perdón por mis pecados. Confieso que Jesús es mi Salvador, y que su sacrificio en la cruz es suficiente para que yo sea perdonado y libre de culpa. Recibo tu Espíritu Santo como sello de mi salvación. Te pido la dirección de tu Espíritu todos los días de mi vida. Amén.

17
Experiencias sobrenaturales

Transportados por el Espíritu Santo

La Biblia está llena de historias que cuando las leo son como de ciencia ficción. Hay un pasaje en el Segundo Libro de los Reyes que cautivó mi mente y todo mi ser. Cuando lo estudié no pude quedarme callado y hablando con Dios le dije: «Yo quisiera saber cómo es esto posible». Se trata de la historia de Elías cuando fue levantado al cielo. Pero mi pregunta tiene que ver con lo que sucedió con Eliseo después de lo acontecido. El pasaje dice lo siguiente:

Los profetas de Jericó, al verlo, exclamaron: «¡El espíritu de Elías se ha posado sobre Eliseo!». Entonces fueron a su encuentro y se postraron ante él, rostro en tierra.
—Mira —le dijeron—, aquí se encuentran, entre nosotros tus servidores, cincuenta hombres muy capaces, que pueden ir a buscar a tu maestro. Quizás el Espíritu del Señor lo tomó y lo

arrojó en algún monte o en algún valle.
—No —respondió Eliseo—, no los manden.
Pero ellos insistieron tanto que él se sintió incómodo y por fin
les dijo:
—Está bien, mándenlos.
Así que enviaron a cincuenta hombres, los cuales buscaron a
Elías durante tres días, pero no lo encontraron. Cuando regre-
saron a Jericó, donde se había quedado Eliseo, él les reclamó:
—¿No les advertí que no fueran?
2 REYES 2:15-17, NVI

Lo que me llamó la atención fue el hecho que tanto los hijos de los profetas como también Eliseo estaban acostumbrados a ser transportados por el Espíritu de Dios de un lugar a otro, ya fuera a un valle o a un monte, y por una distancia de tres días.

Poco después de meditar en este pasaje de la Escritura me encontré con otro pasaje similar a este, pero esta vez en el Nuevo Testamento en el libro de los Hechos de los Apóstoles. El pasaje relata la historia de Felipe el Evangelista cuando bautiza al eunuco de Etiopía. Veamos lo que dice:

Cuando subieron del agua, el Espíritu del Señor arrebató a Fe-
lipe; y el eunuco no le vio más, y siguió gozoso su camino. Pero
Felipe se encontró en Azoto; y pasando, anunciaba el evangelio
en todas las ciudades, hasta que llegó a Cesarea.
HECHOS 8:39-40, NVI

Spider-Man y el carro de fuego: 3 de mayo de 2002

Una vez más quedé asombrado por lo que la Biblia relata acerca de ser transportados por el Espíritu Santo, y en medio de mi conversación con Dios le pregunté si yo podía experimentar ser transportado de igual manera. Cuál fue mi asombro el día que Dios me mostró que sí era posible. La verdad fue algo que pasó de repente.

Sucedió el 3 de mayo de 2002. Era un viernes común y corriente con la excepción de que era el día del estreno de la película Spider-Man con Tobey Maguire. Tania, su hermano Eric, un joven adolescente y yo estábamos entusiasmados de poder ver la película y compramos entradas para verla en el Universal Cinema AMC en City Walk Hollywood.

Durante la función y el asombro de los efectos especiales que hacen posible que el superhéroe muestre sus poderes pude ver algo fuera de lo normal. En mi espíritu vi la mano de Dios crear las escenas y los personajes, y me di cuenta de que es Dios quien hace posible incluso la tecnología para el entretenimiento. También me decía a mí mismo: «Esto es solo ciencia ficción, pero Dios es omnipotente y la fuente de todo el poder disponible en la vida real». Al salir del cine tomé la autopista 101 de regreso a casa y una nube rodeó mi picop Mazda B2000; poco a poco comenzó a llenar la cabina de modo que era difícil ver el camino. Al principio pensé que era neblina, pero la atmósfera espiritual cambió de repente. La música que íbamos escuchando cobró un sonido divino y angelical. La autopista y la ciudad desaparecieron y solamente podía ver un camino recto e inclinado hacia el cielo. El picop empezó a ascender, o por lo menos así se sentía, como si estuviéramos volando, pero aun sobre este camino con la luz al frente. El joven entró en un trance y su cuerpo desfallecido quedó recostado sobre el asiento.

En esos momentos de manifestación de la gloria divina, mi esposa Tania entró en un tiempo de profunda adoración. Y yo pregunté: «Eric, ¿tienes los ojos abiertos...? ¿Y qué puedes ver?». Eric me contestó que veía un camino recto y una luz de frente al centro. Entonces le dije: «Es lo mismo que yo veo, así que no tengo más que manejar directo hacia la luz».

Estuvimos en esa nube un buen tiempo gozando de la presencia divina y la música angelical e hipnótica. Eric daba gritos de júbilo y no quería salir de la nube y yo estaba en un verdadero éxtasis no como los falsos que provienen de las drogas psicodélicas. De repente, así como entró la nube, también se fue y nos encontrábamos en la intersección de la avenida Vermont y la calle West 6th.

La presencia de Dios continuaba fluyendo en nosotros y el joven en el asiento trasero todavía estaba bajo el poder del Espíritu Santo. Llevamos al joven a casa de sus padres, pero el muchacho no podía caminar por causa de la embriaguez del Espíritu Santo, y Eric y yo lo tuvimos que cargar.

Todavía recuerdo el rostro de asombro de su padre cuando abrió la puerta y vio a su hijo tomado por el Espíritu Santo. Al explicar la experiencia con su papá, yo continuaba procesando lo que nos sucedió esa noche. En realidad, todavía es difícil de explicar este evento glorioso. Fuimos traspuestos alrededor de unas siete millas o unos once kilómetros por medio del Espíritu Santo.

Siempre he considerado que fue bueno que fuéramos cuatro personas las que estuvimos en la nube de gloria, porque los cuatro dimos testimonio de lo ocurrido con diferentes perspectivas. Pero, por si eso no fuera suficiente, unas semanas después entró un hombre desconocido a nuestra congregación mientras yo compartía la Palabra de Dios, y con fuerte voz dijo: «¡Eres tú, eres tú, yo te vi volando en un carro de fuego!». Que increíble, Dios envió a un quinto testigo, un desconocido, para dar testimonio de lo que vio esa noche del viernes 3 de mayo de 2002.

Muelas rellenas de oro

Jesús es experto en enseñarnos a convertir una etapa de malestar en una de asombro y regocijo. Esta historia comienza con mi oído derecho completamente cerrado. Sucedió en el otoño de 2003. Tania y yo estábamos por salir de viaje a Centroamérica para visitar a su abuelita Carmen. Antes del viaje mi oído derecho se cerró completamente y no podía escuchar nada, ningún sonido en lo absoluto. Visité a un médico en Los Ángeles y después de examinar mi oído me dio unas gotas para suavizar el cerumen acumulado que era la causa del dolor, de la molestia y de la falta de audición. Por falta de sabiduría no le comenté al médico que salía de viaje en avión. Al encontrarme en completa altura de vuelo la presión atmosférica causó que el dolor se intensificara en mi oído. Fue un vuelo que no le deseo a nadie.

Las tres semanas en Centroamérica fueron de mucha aventura y alegría, pero mi oído continuaba cerrado por el cerumen, y las gotas que me recetó el médico no hicieron ningún efecto. Durante nuestro tiempo en Centroamérica consulté con un médico en El Salvador, quien después de examinar mi oído me recetó unas gotas diferentes. Seguí las instrucciones del médico, pero estas gotas tampoco hicieron efecto alguno. Al terminar las tres semanas era tiempo de volar de regreso a Los Ángeles, y anticipando el dolor por la presión atmosférica me prepare con píldoras analgésicas.

Al regresar al trabajo en Los Ángeles todavía con el oído cerrado comencé a preocuparme, y le pedí a Dios que me sanara con su poder. Sin seguro médico una cirugía en California es muy costosa. Quería evitar una deuda de largo plazo.

Un día, mientras estaba en mi trabajo llegó un amigo que conoció a Jesús como Salvador en un evento evangelístico que realizamos en un parque. Me contó que estaba sirviendo como chofer de un predicador español que iba a enseñar la Palabra de Dios el próximo domingo en la ciudad de Long Beach. Yo me alegré por verlo enamorado de Jesús, y decidí con mi esposa Tania asistir a ese servicio.

Cuando llegamos me asombré al ver que el predicador era muy joven, y al escucharlo me di cuenta de que el poder del Espíritu Santo lo acompañaba de manera evidente. Al terminar su mensaje el joven dijo: «Quisiera orar por los enfermos». Yo no asistí al servicio para buscar ser sanado, pero al escuchar la invitación pasé al frente para recibir oración. El joven se acercó a mi perfil derecho y me preguntó cuál era mi petición. Yo le expliqué que mi oído derecho estaba tapado. Sin perder tiempo me sopló al oído, y al instante se abrió. El joven continuó orando por los enfermos mientras yo seguía asombrado por lo bien que escuchaba con mi oído.

Al terminar el servicio y escuchar la cantidad de testimonios nos asombramos de ver que Dios había empastado con oro las muelas de algunas personas. Incluso una señora que no pasó al frente por cuidar a un bebé, salió con los dientes del frente chapados de oro. Un hombre que nos acompañaba sentía algo raro dentro de su boca. Le dije: «Seguro que tienes empastes de oro, abre tu boca». Cuando nos mostró las muelas vimos el brillo de los empastes de oro. ¡Gloria a Dios! Que milagros y señales pudimos experimentar ese domingo.

Llegué a casa asombrado. Mientras meditaba en lo que Dios había hecho, me pregunté por qué Dios no había renovado las muelas y los dientes a su estado natural. De pronto me animé y le hice la pregunta a Dios. Al momento de mi lectura bíblica escuché la respuesta en la Escritura. Sentí muy fuerte en mi ser que Dios hablaba a mi espíritu.

Mía es la plata, y mío es el oro, dice Jehová de los ejércitos. La gloria postrera de esta casa será mayor que la primera, ha dicho Jehová de los ejércitos; y daré paz en este lugar, dice Jehová de los ejércitos.
HAGEO 2:8-9

Qué manera de enseñar y dar revelaciones a los hijos de Dios. Si el templo de Salomón, que fue construido por manos de hombres, estaba cubierto de plata y oro, cuánto más el cuerpo de Cristo y templo del Espíritu Santo que fue comprado por lo más valioso del mundo, la sangre del Cordero de Dios, Jesús. ¡Aleluya! Dios está interesado en la sanidad y en la manifestación gloriosa de todos sus hijos. Qué bendición y qué privilegio ser hijos de Dios.

Encuentros con Jesús en las montañas

En varias ocasiones, me reuní con diferentes grupos de hombres adultos y jóvenes en las cabañas de las montañas alrededor de Los Ángeles. El propósito era pasar tres días buscando la manifestación sobrenatural de la presencia de Dios. El resultado era la renovación de nuestro espíritu y una nueva visión para cada uno de nosotros.

Fue en uno de estos encuentros con Jesús que me di cuenta de que debía perdonar a mi papá por los errores que cometió y honrarlo por las cosas buenas que me enseñó. Esto me hizo libre de resentimiento y trajo sanidad a mi alma. La Biblia dice en Efesios:

Honra a tu padre y a tu madre, que es el primer mandamiento con promesa; para que te vaya bien, y seas de larga vida sobre la tierra.
EFESIOS 6:2-3

En la última sesión del tercer día, todos fuimos llenos del Espíritu Santo. Pasamos horas gozándonos en el mover de Dios y quedamos completamente embriagados en el Espíritu al punto de que muchos no pudieron manejar sus autos de regreso a la ciudad. Pero había personas asignadas para llevar sus coches de regreso a la ciudad, ya que la experiencia se repetía cada vez que subíamos a las montañas a buscar a Dios.

Es hermoso ver cómo Dios cambia a las personas cuando se encuentran con él. En cierta ocasión, una mujer me pidió que llevara a sus dos hijos a un encuentro con Dios. Ella les pidió a sus hijos que fueran al encuentro como un regalo para ella del Día de las Madres. Cuando mi hermano y yo pasamos por los jóvenes no se esperaban lo que Dios haría con ellos, y en realidad tampoco yo me lo esperaba.

De hecho, desde el primer día de encuentro, Dios empezó a llenar a los jóvenes con su Espíritu Santo de manera que muchos de ellos no podían ni caminar y tenían que ser asistidos para volver a sus cabañas al llegar la hora de dormir.

El Verdadero Éxtasis

Durante el desayuno del segundo día de encuentro, los dos jóvenes que estaban conmigo no querían comer. Cuando les pregunté por qué no comían me dijeron que no confiaban en la comida ya que pensaban que a lo mejor nosotros les estábamos poniendo algo a los alimentos para embriagarlos porque terminaban como borrachos en fiesta cayendo al piso de tanta risa. Les expliqué que eso era obra del Espíritu Santo y que al caer la noche actuarían de igual manera.

Esa misma noche, esos dos jóvenes le entregaron su vida a Jesús y el Espíritu Santo entró en ellos para renovarlos y transformarlos de gran manera en un instante. Al igual que los demás jóvenes, ellos también empezaron a actuar como borrachos en una fiesta alegre. Los testimonios de lo que Dios hizo en estos encuentros en las montañas son grandes en número y muchas veces, increíbles. Muchos fueron libres de diversos vicios, sanados de diferentes estados emocionales, y liberados de temores, ansiedades y problemas mentales. Dios es el Todopoderoso, y al encontrarnos con él, no quedamos igual. Su Espíritu nos hace nuevos.

18
Profundidad por el Espíritu Santo

Nuevo Principio

A principios de 2008, el Espíritu de Dios me hizo esta pregunta cuando yo escuchaba una enseñanza acerca de Noé: «¿Cuántas personas estaban en el arca?». Yo le dije que ocho: Noé, su esposa, sus tres hijos y sus nueras. Luego, el Espíritu me preguntó: «¿Qué significa el número ocho?». Yo le dije que había escuchado que significa 'nuevo principio'. Entonces me dijo: «Lee Génesis 8».

En el capítulo 7, Dios envió un diluvio para destruir a la humanidad en la Tierra, y permitió que solo Noé y su familia se salvaran del diluvio.

Entonces entró en el arca junto con sus hijos, su esposa y sus nueras, para salvarse de las aguas del diluvio.
GÉNESIS 7:7

Luego, en el capítulo 8 Dios le ordenó a Noé salir del arca con su familia.

Salieron, pues, del arca Noé y sus hijos, su esposa y sus nueras.
GÉNESIS 8:18

Al leer Génesis 8, me di cuenta de que cuando Noé y su familia salieron del arca empezaron una nueva vida en un mundo completamente diferente, y ellos fueron las semillas para una nueva humanidad. Eran ocho personas empezando una nueva etapa en el capítulo 8 de la Biblia. Esto era solo el principio de lo que Dios me enseñó acerca del número ocho ese año de 2008.

Mi hijo Ezekiel nació el 16 de agosto de 2008, el octavo mes del octavo año de un nuevo milenio. Su nacimiento estaba programado para el 26 de octubre, pero nació de manera prematura entre dos acontecimientos muy importantes para nuestros días.

1. Las olimpiadas de Beijing 2008

Estas olimpiadas marcaron la introducción de China como una superpotencia mundial. Las olimpiadas empezaron el 8 de agosto y terminaron el 24 del mismo mes. Las personas alrededor del mundo pudieron ser testigos del avance de China en las áreas de finanzas, innovación, construcción y transporte. También pudieron presenciar su avance en las áreas de las ciencias aeronáuticas y militares.

Dios me mostró que con la introducción de China como superpotencia mundial entramos en una nueva era.

Señales proféticas

China se llevó el primer lugar en medallas de oro con cincuenta y seis medallas (7 x 8).

Michael Phelps ganó ocho medallas de oro, y con ello rompió el récord anterior de siete en una olimpiada.

'Michael' significa '¿quién es como Dios?' en hebreo. 'Phelps' viene del griego philein que significa 'amar'.

2. Inicia la invasión de Georgia por fuerzas rusas el 8 de agosto

Durante la guerra ruso-georgiana, la primera guerra europea del siglo XXI, Rusia demostró su capacidad de montar una campaña militar completa contra otro país con el fin de llevar a cabo sus planes mundiales y asegurar su posición como superpotencia mundial.

Además, se posicionó en el Mar Negro y plantó bases militares para demostrar su poderío con su fuerza naval a países de esa área incluyendo a Israel.

Rusia y China son dos países que estarán muy activos en los acontecimientos de los últimos días. Ezekiel nació prematuro por problemas de la presión sanguínea de mi esposa en agosto de 2008. Pero a la misma vez es evidente que desde agosto de 2008 la presión por demostrar cuál país es el más poderoso está causando conflictos sobre la Tierra.

La Biblia me enseña que, en medio de conflictos destructivos globales, Dios tiene preparado algo nuevo para sus hijos.

La misma agua que bautiza

Es necesario que nosotros recibamos la salvación y la justificación en Jesús. En el mundo antiguo Dios salvó a la humanidad por medio de poner ocho personas en un arca. El agua del diluvio destruyó a todos los seres humanos porque tenían un corazón inclinado a la maldad. Pero de esa arca salieron generaciones nuevas. Veamos como lo explica el apóstol Pedro.

Porque Cristo murió por los pecados una vez por todas, el justo por los injustos, a fin de llevarlos a ustedes a Dios. Él sufrió la muerte en su cuerpo, pero el Espíritu hizo que volviera a la vida. Por medio del Espíritu fue y predicó a los espíritus encarcelados, que en los tiempos antiguos, en los días de Noé, desobedecieron, cuando Dios esperaba con paciencia mientras se construía el arca. En ella solo pocas personas, ocho en total, se salvaron mediante el agua, la cual simboliza el bautismo que ahora los salva también a ustedes.
1 PEDRO 3:18-21A, NVI

Hoy se predica la salvación en Jesús, quien es el único sacrificio vivo que pudo pagar por el pecado del mundo. Por medio de él, nosotros somos justificados y bautizados para salvación y vida eterna.

El bautismo no consiste en la limpieza del cuerpo, sino en el compromiso de tener una buena conciencia delante de Dios. Esta salvación es posible por la resurrección de Jesucristo, quien subió al cielo y tomó su lugar a la derecha de Dios, y a quien están sometidos los ángeles, las autoridades y los poderes.
1 PEDRO 3:21B-22, NVI

Todos los que recibimos a Jesús como Salvador somos justificados y bautizados por el Espíritu de Dios, por medio de quien todos podemos vivir para siempre en la presencia del Padre, del Hijo, y del Espíritu Santo sobre los ángeles, autoridades y potestades.

Cómo conocer la voz de Dios

Para conocer la voz de Dios, necesitamos entender el significado de la palabra 'voz' en hebreo.

qol
Palabra original: קוֹל
Parte del discurso: sustantivo masculino
Transliteración: qol
Ortografía fonética: (kole)
Definición: voz, sonido, estruendo, una voz
6963, CONCORDANCIA STRONG

Al entender el significado de la palabra qol, nos damos cuenta de que ambos, Adán y Eva, conocían la voz de Dios desde el principio. Esto lo podemos ver en la Escritura en Génesis 3:8: «Y oyeron la voz de Jehová Dios que se paseaba en el huerto, al aire del día; y el hombre y su mujer se escondieron de la presencia de Jehová Dios entre los árboles del huerto». Vemos como la voz de Dios tiene la capacidad de caminar, pasear o conducirse de un lado a otro. También nos damos cuenta de que desobedecer a la voz de Dios trae como consecuencia temor y deseo de esconderse de la presencia de Dios.

Más adelante en Génesis 22 vemos como un hombre llamado Abraham conocía también la voz de Dios. Al contrario de Adán y Eva, este Hombre obedeció la voz de Dios, y como consecuencia recibió una bendición. Génesis 22:16-18 dice:

Y dijo: Por mí mismo he jurado, dice Jehová, que por cuanto has hecho esto, y no me has rehusado tu hijo, tu único hijo; de cierto te bendeciré, y multiplicaré tu descendencia como las estrellas del cielo y como la arena que está a la orilla del mar; y tu descendencia poseerá las puertas de sus enemigos. En tu simiente serán benditas todas las naciones de la tierra, por cuanto obedeciste a mi voz.

Vemos como la obediencia a la voz de Dios trae bendiciones aun a nuestras futuras generaciones: a nuestros hijos, a nuestros nietos y a las naciones que salgan de ellos.

El sonido del *shofar* o del cuerno de carnero es comparable con la voz de Dios para los hebreos. Hay diferentes sonidos que suenan con el *shofar*, y cada uno de ellos tiene un significado diferente. En la voz de Dios se encuentra el poder para destruir a nuestros enemigos y conquistar. Cuando con nuestra voz nos unimos a la voz de Dios tenemos victoria sobre todas las áreas de nuestra vida que están en batalla. Cuando Josué tenía una ciudad amurallada frente a él pudo conquistarla al sincronizar la voz del pueblo con la voz de los cuernos de carnero. Josué 6:20 (NTV) dice: «Cuando el pueblo oyó el sonido de los cuernos de carnero, gritó con todas sus fuerzas. De repente, los muros de Jericó se derrumbaron, y los israelitas fueron directo al ataque de la ciudad y la tomaron». Es necesario alinearnos con la voz de Dios para poder entrar en las promesas que él tiene para nosotros.

En el Nuevo Testamento la palabra 'voz' es traducida la mayoría de las veces de la palabra griega *phoné*.

phoné
Palabra Original: φωνή, ῆς, ἡ
Parte del Discurso: sustantivo femenino
Transliteración: *phoné*
Ortografía fonética: (fo-nay')
Definición: voz, voces, ruido, una voz, sonido
5456, CONCORDANCIA STRONG

La Biblia nos dice que la voz de Dios el Padre se escuchó cuando Jesús fue bautizado. Mateo 3:16-17 dice así:

Y Jesús, después que fue bautizado, subió luego del agua; y he aquí los cielos le fueron abiertos, y vio al Espíritu de Dios que descendía como paloma, y venía sobre él. Y hubo una voz de los cielos, que decía: Este es mi Hijo amado, en quien tengo complacencia.

Dios continúa hablando en estos días. Si ponemos atención podemos escucharlo de diferentes maneras. Hace algunos días estábamos hablando acerca de la voz de Dios con unos amigos en nuestro Grupo de Vida. Lily, una de nuestras amigas, nos contó algo que le ocurrió en un centro comercial de Glendale California. Ella iba caminando con sus niños cuando quiso tomarse una foto con su teléfono. Al acercarse una persona que caminaba por el centro comercial, ella le pidió el favor de que le tomara la foto. Cuando esta persona tomó el teléfono de Lily se dio cuenta de que el teléfono era algo viejo. Y, entonces, le dijo: «Tu teléfono está viejo, déjame comprarte uno nuevo». Lily le preguntó qué debía hacer para obtener el teléfono nuevo. Pero la persona le dijo: «Nada, espérame aquí yo voy y vengo con uno nuevo».

Al regresar le entregó a Lily el último modelo de iPhone. Lily estaba muy contenta con su nuevo teléfono. Nunca había tenido un teléfono de este tipo. Al escuchar el testimonio de Lily escuché la voz del Espíritu Santo diciendo: «Yo tengo una voz nueva para mi pueblo, una voz actual para hoy». ¡Si tan solo pudiéramos escuchar las muchas maneras en que Dios se comunica con nosotros! El Espíritu Santo está continuamente hablándonos. Su voz (phoné) se mueve por todos los medios de telecomunicaciones. Dios nos habla por la internet, por la radio, por la televisión e incluso a través de películas u obras de teatro.

Definición de 'luz'

Muchas veces pensamos que la luz es la ausencia de la oscuridad. Pero en realidad es mucho más que iluminar lo oscuro. Más que todo es poner las cosas en orden. Veamos la definición en hebreo.

or

Palabra original: אוֹר
Parte del discurso: sustantivo femenino
Transliteración: or
Ortografía fonética: (ore)
Definición: luz, mañana, lumbrera, iluminación, luminaria

216, CONCORDANCIA STRONG

La palabra *or* es la raíz del verbo 'orientar', la cual también se deriva del latín *oriri* que significa 'nacer'. Podemos ver que cuando nace el sol lo hace en el oriente. En los tiempos antiguos antes del GPS (sistema de navegación y localización mediante satélites) las personas se orientaban conforme a la posición del sol. El sol nace todas las mañanas desde el este (oriente) y se pone por el oeste, a lo largo de esta trayectoria se puede determinar la ubicación de cualquier objeto o persona en un momento dado.

La palabra de origen latín *ordin* de la cual provienen muchas otras palabras como, por ejemplo: ordenar, ordenamiento, orden, ordenanza y muchas otras, tiene como raíz la palabra indoeuropea ar- que significa mover o ajustar. El orden es lo contrario del caos, es colocar las cosas, personas o eventos de acuerdo con un plan.

La luz nos fue dada por la gracia de Dios para que nadie se pierda al caminar en la oscuridad o el desorden, y para que haya un fluir ordenado fuera del caos. Veamos lo que nos dice la Biblia al principio.

> *Y dijo Dios: Sea la luz; y fue la luz. Y vio Dios que la luz era buena; y separó Dios la luz de las tinieblas. Y llamó Dios a la luz Día, y a las tinieblas llamó Noche. Y fue la tarde y la mañana un día.*
> *GÉNESIS 1:1-3*

La palabra 'luz' se menciona cinco veces en estos versículos que nos introducen al tema de la luz en la Escritura. El significado del número cinco en numerología bíblica significa 'gracia' o 'favor'. También vemos el orden en el cual fueron escritos los versículos. Primero se menciona la tarde (oscuridad) y luego el día (luz), los cuales forman las primeras veinticuatro horas (un día).

Podemos comparar el principio de la tierra con el nacimiento de un bebé. Primero el bebé se encuentra en la oscuridad dentro del vientre de su madre, y luego al nacer sale de la oscuridad a la luz, y comienza una trayectoria de eventos.

Lo mismo sucede cuando nacemos en Cristo, salimos de la oscuridad del vientre de este mundo a la luz de Jesús y a la vida en el mundo espiritual. Salimos de una vida de tinieblas y caos y nacemos a una vida de ordenanzas y revelaciones que nos llevan a una luz perfecta.

El día que yo tuve un encuentro con Jesús (la Luz del mundo) mi vida comenzó a cambiar. Jesús entró en mi corazón y pude sentir un fuerte calor dentro de mí, producto de su luz. Mis palabras cambiaron ese mismo día de palabras oscuras y desordenadas a palabras de revelación. El deseo de usar drogas fue cambiado a un anhelo por leer con frecuencia sus palabras en la Biblia y de buscar comunión con su Espíritu Santo, quien de continuo me lleva a tener manifestaciones sobrenaturales.

Jesús es mi éxtasis

Cuando leo o escucho las palabras de Jesús alimento todo mi ser. La comunión con Dios por medio de una vida de adoración me lleva siempre a experimentar un profundo gozo. Aun cuando me esté yendo mal, cuando empiezo a orar en el espíritu viene sobre mí gozo sobrenatural. Es porque mi espíritu puede ver lo que está por venir. Y lo que está por venir es mejor que lo que estoy pasando. Si estoy enfermo, mi sanidad está cerca. Si estoy débil mi fuerza está por venir. Si estoy en lo oscuro, la luz no tarda.

El Verdadero Éxtasis

Cada día debemos entregarnos a Dios como sacrificio. Como lo dijo el apóstol Pablo:

Por lo tanto, hermanos, tomando en cuenta la misericordia de Dios, les ruego que cada uno de ustedes, en adoración espiritual, ofrezca su cuerpo como sacrificio vivo, santo y agradable a Dios. No se amolden al mundo actual, sino sean transformados mediante la renovación de su mente. Así podrán comprobar cuál es la voluntad de Dios, buena, agradable y perfecta.
ROMANOS 12:1-3, NVI

Si no nos amoldamos ni nos conformamos a este mundo, sino más bien renovamos nuestro entendimiento a la mente de Jesús por medio de hablar con Dios en comunión con su Espíritu Santo, podremos reconocer la buena, agradable y perfecta voluntad de Dios para nosotros. De esta manera podremos vivir experimentando el verdadero éxtasis. El placer de vivir una vida llena del Espíritu de Dios.

Te invito a que le digas a Jesús que tome tu vida y que le pidas al Espíritu Santo que llene todo tu ser.

Que la misericordia de Dios sea con nosotros siempre.

Visión Divina

EL VERDADERO ÉXTASIS

En una época en la que los jóvenes se sienten incomprendidos, no escuchados y con la necesidad de fugarse de la dura realidad de su entorno, la búsqueda del éxtasis se convierte en la mayor y más importante travesía de su vida.

Sin opciones y con pocos recursos, en un mundo dividido por el racismo, al borde de la guerra y presas de mensajes ominosos y deprimentes de los medios y las redes sociales, el corazón de los jóvenes languidece por una esperanza y una salida.

Mientras muchos optan por sepultar la cabeza en el contenido siempre cambiante de los medios, el cine, la TV, los videos rápidos, los videojuegos y los videoblogs, otros eligen un camino que los llevará a una muerte segura.

En EL VERDADERO ÉXTASIS, Gus Recinos nos da una bocanada de aire fresco, al dejarnos ver que la mayor esperanza del mundo y de la nueva generación de jóvenes de hoy es encontrar el éxtasis verdadero, y no la falsificación que ofrecen las drogas, el alcohol, los deportes extremos o la inmoralidad sexual.

Con una sólida explicación de los efectos de las drogas, EL VERDADERO ÉXTASIS nos lleva de la mano de una manera fresca y divertida en los zapatos del autor para que nosotros podamos también encontrarnos con la esperanza del corazón de toda una generación.

Gus Recinos, después de una exitosa carrera en el mundo de los *raves* de los noventa, fue alcanzado por Cristo y durante más de veinte años ha dedicado su vida junto con su esposa Tania a compartir las Buenas Nuevas de Cristo con demostración del Espíritu Santo y con poder a jóvenes y adultos. Gus y Tania, radican junto con sus tres hijos en la ciudad de Los Ángeles, California sirviendo en la iglesia Expression 58 y los niños y jóvenes de Faithchild Ministries.

Orador Invitado

Gus Recinos

GusRecinos.com

Autor y Conferencista

Gus Recinos es un ministro del Evangelio y comparte el corazón del Padre con muchos, no solo de palabra sino de acción. Como orador, Gus comparte testimonios de provisión y sanidades sobrenaturales y también cuenta historias de milagros y prodigios a través de El Espíritu Santo que invitan a las personas a tener sus propios encuentros con El Dios Vivo. La pasión de Gus es ver que las generaciones sean salvas, sanas, transformadas y libres para alcanzar su destino.

Temas:
- Cristo nos liberó para que vivamos en libertad.
- La luz vino para ordenar nuestras vidas.
- Construyendo sobre La Roca para permanecer firmes.
- Caminando en El Espíritu.
- 888 El nuevo principio y significado de los números.
- Mentes renovadas no se conforman.
- Supernova- ardiendo en fuego para Dios.

Para:
- Conferencias
- Servicios
- Discipulado
- Seminarios

Para invitar a Gus
Gusrecinos7@yahoo.com

Made in the USA
Las Vegas, NV
05 December 2021

36128714R00101